CULTURA LIGHT

CULTURA LIGHT

Estilo de vida y representaciones
sociales en los sectores medios
urbanos

Alejandra Jimena Ravettino Destefanis

Ravettino Destefanis, Alejandra Jimena

   Cultura light: estilo de vida y representaciones sociales en los sectores medios urbanos / Alejandra Jimena Ravettino Destefanis. – 1a ed . – Ciudad Autónoma de Buenos Aires: Alejandra Jimena Ravettino Destefanis, 2017.

   ISBN 978-987-42-3527-5

   1. Cultura y Sociedad. I. Título.

   CDD 306

ISBN: 9789874235275

Compaginado desde TeseoPress (www.teseopress.com)

A Horacio Divito, por enseñarme a pensar sociológicamente.

Índice

Resumen

Este trabajo reconoce las profundas transformaciones en las *formas de ser y estar en el mundo* que manifiestan los sujetos preocupados y ocupados en la constitución de *un ser saludable*. En este sentido, se presentan los resultados de una investigación cualitativa que tuvo como objetivo explorar la cultura light a partir de las representaciones sociales y las pautas de consumo que presentan quienes llevan estilos de vida light en el marco de la estetización de la cotidianeidad. A propósito, la *estetización de la vida cotidiana* es un proceso paradigmático de la modernidad tardía que se caracteriza por la creciente individualidad, expresión personal y autoconciencia estilística de los individuos. La unidad de análisis es –precisamente– un sujeto interesado por el estilo y la estetización de su existencia, y en función de ello mantiene un profundo deseo por aprender y enriquecerse continuamente, por buscar nuevos valores y vocabularios: autoconstruye su cotidianeidad a partir del consumo de bienes y servicios simbólicos, y cree además que la *vida estética* es *éticamente buena* (Bourdieu 2006; Featherstone 2000).

La **estrategia metodológica** del trabajo de campo se diseñó a partir de a) la conformación de grupos de discusión que posibilitaron captar las imágenes compartidas vinculadas con la cultura light; b) la aplicación de entrevistas a informantes clave que facilitaron indagar temas pertinentes y descubrir aspectos significativos; y c) la recopilación y sistematización de material gráfico y audiovisual sumado a otras fuentes secundarias que permitieron triangular datos.

Tres nociones fundamentales sostienen teóricamente este trabajo. Primero. La expansión de la cultura de la imagen reconoce que la *profesionalización* y *democratización del arte* –antes reservado a las elites– es el momento clave a partir del cual la experiencia de los sujetos se estetiza y cierto ethos hedonista aflora invadiendo paulatinamente hábitos y patrones de consumo. Segundo. A diferencia de lo pensado, la posmodernidad no implica una liberación del control social sino que la manera de ejercerlo cambia: ahora la vigilancia se ejerce a través de la seducción, de una oferta diversificada tanto de objetos como de imágenes, hechos concretos o simulacros. Tercero. Los sujetos se constituyen a sí mismos a partir de las prácticas sociales de su tiempo histórico y de los discursos que circulan que asimismo colaboran a constituir. Sin embargo, aunque las prácticas están subordinadas a tecnologías recientes y sofisticadas, los discursos son herencias de prácticas ya permitidas o cuestionadas en el pasado. De modo que el choque entre las nuevas tecnologías y los léxicos heredados producen cierta fragmentación en los procesos de constitución e identificación subjetivos.

Introducción

El presente estudio explora las representaciones sociales y prácticas de consumo propias del estilo de vida light entendiéndolo como uno de los modos posibles dentro del proceso de estetización. Se entiende por *estilo de vida light* aquel propio del sujeto obsesionado por el cuidado de su salud y de cierta armonía corporal: se halla en la perpetua búsqueda del "estar en forma" y en función de ello, mantiene un habitus característico. De aquí en adelante, se considera que la *cultura light* implica un estilo de vida pensado como proyecto individual y no como un hábito o una tradición que el sujeto hereda; un estilo de vida saludable implica la configuración de la propia identidad del sujeto.

En las últimas décadas la obtención del cuerpo perfecto ha sido tema de debate entre especialistas y pensadores, estimándose que la búsqueda de un físico socialmente aceptado suponía el logro de la delgadez como ideal y que este fenómeno se evidenciaba específicamente en las mujeres. Sin embargo, se ha percibido durante el último tiempo que la obsesión por el cuerpo se extendió más allá de la superficialidad corpórea y/o apariencia física y que tampoco éste es un hecho privativo del género femenino. Hoy se pretende no sólo el peso y la fisonomía adecuados sino que se persigue el bienestar orgánico asumiendo prácticas que denotan salud y prevención. De acuerdo con Bauman (2002), el modelo dominante de "estar en forma" produjo una expansión del *ciudadano de la salud*. La búsqueda por *estar en forma* incluye el cuidado personal y la optimización de riesgos, entendiendo que los diagnósticos médicos dejan de tomar al individuo como centro, y que el objeto real es el cálculo de probabilidades, la estimación de qué puede sucederle al paciente que consulta.

En la sociedad de consumo existe una preponderancia del sujeto obsesionado por el cuidado personal y por una salud cada vez menos definida con claridad y más parecida a "verse/sentirse bien". "La actitud de «mi cuerpo es una fortaleza asediada» no conduce al ascetismo, la abstinencia o el renunciamiento, sino más bien a consumir más –consumir especialmente comida «sana», abastecida por el comercio–" (Bauman 2002:86). Pueden considerarse indicadores de esta idea las góndolas de los supermercados, los mensajes publicitarios y las recomendaciones impartidas por especialistas desde los medios. Todo este discurso light desborda de información e incitación al consumo de productos y prácticas específicas, augurando un profético "sentimiento de bienestar". En la misma línea de pensamiento, Stuart Hall asegura que el consumo no es menos simbólico por ser material:

> En el mundo moderno los objetos son también signos y nos relacionamos con el mundo de las cosas de un modo a la vez instrumental y simbólico. En un mundo tiranizado por la escasez, hombres y mujeres expresan en su vida práctica no sólo qué es lo que necesitan para su existencia material sino en algún sentido cuál es su lugar simbólico en el mundo, qué es lo que son, cuáles son sus identidades. (…) cada vez más hombres y mujeres, juegan el juego de usar cosas para significar quiénes son. Cualquiera sabe que hoy las mercancías constituyen signos sociales y producen energía pero también sentidos (1993:96).

Por otra parte, la tendencia a incluir información en tablas nutricionales adjuntas a los envases de productos light hace pensar en sujetos que se informan, conocen y seleccionan minuciosamente aquello que ingieren. En este sentido, Featherstone sostiene que la compra dejó de ser una actividad racional para integrar una práctica subsumida al cálculo hedonista:

El interés por el estilo de vida, por la estilización de la vida, sugiere que las prácticas de consumo, la planificación, la compra y la exhibición de bienes y experiencias de consumo en la vida cotidiana no pueden entenderse meramente mediante las ideas de valor de cambio y de cálculo racional instrumental (2000:147).

Por lo dicho hasta aquí, cabe preguntarse ¿cuáles son las imágenes, creencias y valores insertos en el discurso light? Es decir, ¿cuáles son las representaciones sociales que giran alrededor del estilo de vida light?

A través de la observación en supermercados y almacenes tradicionales de la Ciudad de Buenos Aires, se notó la presencia de una amplia gama de productos light. Existe claramente una industria en expansión: marcas que tienen su propia línea reducida en calorías y/o modificadas –fortificadas, energizantes y libres de aditamentos– y otras marcas que se constituyen especialmente a tales fines. Se observó que los lácteos y otros comestibles –golosinas, bebidas, postres y panificados– fueron modificados en laboratorio y que puede encontrárselos complementados con hierro, minerales, vitaminas y/o proteínas. El mercado ofrece una alternativa para cada estilo de vida –profesional, ama de casa, deportista, estudiante–. Consecuente con esta evidencia, Hall asegura que es característico del posfordismo la mayor elección y diferenciación de productos, y que esta transformación en el consumo se concreta en la comercialización, presentación y diseño, en lo que el autor llama "pesca" de consumidores por estilo de vida, gusto y cultura y no por el registro general de categorías de clase social (1993:92).

La cultura light está segmentada a partir de diferentes patrones de consumo. El proceso comercial de segmentación del mercado y diversificación de productos generó que la demanda se vuelva heterogénea mediante la extensa gama de opciones, haciendo que la selección y elección de los sujetos se convierta en un oficio. A partir de esta distinción valdría preguntarse entonces, ¿cuáles son los segmentos o nichos de mercado que pueden identificarse a partir del consumo de bienes y servicios light y qué características presentan en la cultura de consumo?

Asimismo es importante destacar que el consumo de comestibles considerados saludables está acompañado por otras prácticas propias de la cultura light: leer notas específicas en revistas temáticas, visitar con frecuencia al médico, mirar programas televisivos que debaten y aconsejan sobre parámetros saludables, asistir al gimnasio varias veces en la semana, practicar deportes, recurrir a terapias alternativas y concurrir a centros de estética corporal, entre otros comportamientos, configuran el estilo de vida light. Este trabajo pretende entonces, describir los hábitos, prácticas y costumbres que mantiene el sujeto en función de las representaciones sociales que circulan en torno al estilo de vida light.

Por otro lado, se percibió la existencia de un importante conjunto de vocablos específicos que salen del claustro científico incorporándose a la sociedad. Los individuos configuran su vida en función de lo denominado "sano" consumiendo determinados productos, manteniendo prácticas y usos del tiempo libre específicos y también manejando un extenso léxico que incluye terminología del específica –omega, nutrientes, vitaminas y minerales, grasas saturadas, transgénicos, lípidos, carbohidratos, fibras, fitoesteroles, entre varios otros–.

El extenso portafolio de bienes y servicios a la mano del consumidor y el uso de vocabulario específico son indicadores válidos que permiten asumir que el estilo de vida es una suerte de obra de arte que cada cual puede forjar según le plazca en función de parámetros sociales preestablecidos. Hipotéticamente podría sugerirse que el mensaje que se emite desde los medios de comunicación abona dicha conjetura girando en torno a la idea "se es lo que se consume". En este sentido, según Bauman, "todo el mundo" trata de convertir su propia vida en una obra de arte mediante sus elecciones:

> Esa obra de arte que se desea moldear a partir de la dúctil materia se denomina «identidad». (...) Dada la volatilidad e inestabilidad intrínsecas de casi todas nuestras identidades, la capacidad de "ir de compras" al supermercado de identidades y el grado de libertad (genuina o putativa) del consumidor para elegir una identidad y mantenerla tanto tiempo como la desee se convierten en el camino real hacia la concreción de las fantasías de identidad. Por tener esa capacidad, uno es libre de hacer o deshacer identidades a voluntad. O eso parece (2002:89-90).

Por su parte, Baudrillard (1993) destacó el rol fundamental que tienen los medios de comunicación de masas en la sociedad del capitalismo tardío: la televisión produce una batería de imágenes e información que amenaza la percepción que el sujeto tiene de la realidad. A este fenómeno lo llamó *mundo de simulacros* donde la proliferación de signos e imágenes logra borrar la distinción entre lo real y lo imaginario; esto significa que vivimos en una constante *alucinación estética de la realidad*. [Se asume que hoy dicha alucinación estética de la realidad migró hacia los espacios virtuales.] A propósito, ¿de qué modo circulan las representaciones sociales de la cultura light en el discurso e imágenes publicitarias? Este estudio se propuso averiguar cómo estos mensajes mediáticos contribuyen a afianzar la imaginería light.

¿Por qué este trabajo mira a los sectores medios? Precisamente, Bourdieu (2006) destaca que el interés por hacer de la vida cotidiana una obra de arte es perseguido principalmente por las nuevas clases medias y que para comprender este fenómeno es fundamental relacionarlo con el habitus de estos sectores. Estas posiciones sociales renovadas deben ser entendidas como consumidores y productores de bienes y servicios simbólicos, y en tanto difusores de estilos de

vida, Bourdieu los denominó *nuevos intermediarios culturales*. El sector está interesado en legitimar ciertas inclinaciones, y en función de ello se dedica a la producción y difusión de imaginería e información de la cultura de consumo light. A partir de lo expuesto, se procura explorar el rol de los nuevos intermediarios culturales en tanto productores y difusores de la cultura light. Justamente, para captar los valores y creencias de quienes llevan –o cooperan para llevar– un estilo de vida light y conocer cómo la imaginería se cristaliza en hábitos y patrones de consumo concretos, esta investigación se basa en la conformación de grupos focales y entrevistas a informantes calificados.[1]

Por último, cabe indicar que si en la Introducción se define la situación-problema, formulan las preguntas de conocimiento y plantean los objetivos de investigación, en los siguientes tres apartados se exponen los supuestos teóricos que sostienen al estudio. Luego, en el apartado cuarto y quinto, se presentan los resultados que surgieron durante el trabajo de campo y el análisis e interpretación de los mismos. Finalmente, la Conclusión sintetiza los datos obtenidos y traza puentes con el marco teórico-conceptual, y plantea nuevos interrogantes como líneas de indagación posibles en virtud de profundizar los hallazgos.

---

[1] Formaron parte de la muestra jóvenes-adultos, varones y mujeres de entre 25 y 45 años de edad, cuyo nivel de ingresos es medio, habitan la zona metropolitana de Buenos Aires y manifiestan ser parte de la cultura light. Véase APÉNDICE METODOLÓGICO; en dicho apartado se explicita la estrategia metodológica a partir de un enfoque cualitativo, se puntualizan las técnicas y los instrumentos de recolección de datos, así como los criterios de selección muestral.

1

Estética posmoderna

Ésta es la otra cara de la posmodernidad, el retorno de lo
Bello y lo decorativo en lugar de lo Sublime moderno anterior, el abandono por parte del arte de la búsqueda de lo
Absoluto o de las pretensiones de verdad y su redefinición
como una fuente de puro placer y gratificación... (Jameson
1999:120).

Unas palabras sobre el clima de época

Si bien durante las últimas décadas aparecieron varios términos para denominar a la época actual, todas las posturas
acuerdan en que es el momento en que se profundiza el
proceso de individualización iniciado en la modernidad.
En este sentido, tal vez el más utilizado sea *posmodernidad*
(Harvey 1998) que comparte espacio académico con otros
términos como *modernidad tardía* (Giddens 1993), *modernidad líquida* (Bauman 2002), *sociedad del riesgo* (Beck 1996)
o *capitalismo tardío* (Jameson 1999), según sea el autor que
teorice acerca de la época contemporánea y según pon-
ga énfasis en el aspecto económico, social o cultural del
término. Pero además, suele hablarse de *primera y segunda
modernidad* como dos grandes estadios dentro del proceso de la individualización occidental. En este sentido, la
primera modernidad, cuya expresión en las elites desde el
Renacimiento fue estudiada por Norbert Elias (1982; 1987),
se desenvuelve asimismo en el Siglo de las Luces y posteriormente durante la revolución industrial del siglo XIX; y

la *segunda modernidad*, que se habría desarrollado desde el inicio de los años cincuenta en los Estados Unidos y hasta fines de los años sesenta en Europa. Cuando se mantiene una mirada positiva de esta segunda modernidad, se habla también de la primera modernidad, y cuando se mantiene una mirada negativa –como los pensadores americanos Christopher Lasch (1999) o Richard Sennett (1980)–, se habla de narcisismo contemporáneo. De cualquier modo, esta segunda modernidad "constituye un modo de acelerar los procesos de modernización" (Corcuff 2010).[1]

Por otro lado, la literatura en Ciencias Sociales sobre el individualismo contemporáneo está polarizada en dos grandes corrientes: una *corriente comprensiva* y una *corriente crítica*. La corriente comprensiva pone en evidencia cómo este individualismo abre nuevos márgenes de maniobra para los individuos, particularmente en las recomposiciones familiares actuales –como los matrimonios múltiples–, ya que una de las características de este nuevo orden, fuera de la lógica del capitalismo, es el cuestionamiento de la familia patriarcal, como consecuencia de la emancipación relativa de las mujeres, del reconocimiento de derechos para los niños y del reconocimiento tímido de los modos de vida homosexuales. La segunda corriente que estudia el individualismo contemporáneo es una corriente crítica que pone en evidencia dos dimensiones: primero, la manera en que el individualismo deshace los vínculos sociales tradicionales; y segundo, cómo emerge una nueva forma de tiranía diferente de las tiranías colectivas: la tiranía del yo. Por su parte, Corcuff (2010) ofrece una vía un poco desplazada, que denomina comprensiva y crítica, que considera

---

[1] Este trabajo de investigación aborda en todo momento el aspecto sociocultural de la época actual y hace hincapié en la revaloración estética que se evidencia; no cuestiona el valor teórico de los términos ni introduce disquisiciones al respecto, incluso los utiliza indistintamente.

las nuevas posibilidades de acción para los individuos, las nuevas coacciones y los nuevos conocimientos o procesos del individualismo.

Además de la profundización del proceso de individualización, la posmodernidad es usualmente analizada como una época en que la que se evidencia la carencia de valores el sentido moral del término. No obstante, su mayor influencia se manifiesta en el actual relativismo cultural y en la creencia de que "nada es totalmente malo ni absolutamente bueno": es una nueva forma de apreciar la estética, un nuevo orden de interpretar valores, una nueva manera de relacionarse intermediados por valores posindustriales. La cotidianeidad tiende a desplegarse con un mínimo de coacciones, el máximo de elecciones privadas posibles y la legitimación del goce.

Para caracterizar a la posmodernidad puede resultar útil mencionar las ideas rectoras de la época precedente y cotejarlas con las actuales. La modernidad – momento histórico en que diversos autores concuerdan en afirmar que comenzó al concluir la década del cincuenta– se define por la confianza en el *progreso*, por la búsqueda de una razón global que dé cuenta del momento histórico y su devenir, la postulación de metas ideales, un fuerte sentido de la vida signada por responsabilidades acerca del mundo, compromiso con el otro –aun en el heroísmo– y el imperio de la razón. La modernidad correspondía al momento en que el capitalismo industrial con sus incipientes fábricas, organizaciones obreras y sindicales surgieron. La posmodernidad representa un momento histórico diferente y coincidente con el capitalismo tardío; éste se plasma en la sociedad de consumo, de la informática, de los medios masivos de comunicación y de la tecnología sofisticada. Precisamente, en *El advenimiento de la sociedad post-Industrial* (1973) Bell esbozó un nuevo tipo de sociedad: la posindustrial. En su profética obra argumentaba que el posindustrialismo sería guiado por la información, estaría orientado a los servicios, reemplazaría a la sociedad industrial como el sistema dominante y finalmente, se sintetizaría en tres componentes básicos:

- El reemplazo de los servicios por las manufacturas.
- La centralización de las nuevas industrias basadas en las ciencias.
- El ascenso de una nueva elite tecnológica y el advenimiento de una nueva estratificación.

Los cambios estructurales y coyunturales evidenciados por Bell (1973) tuvieron una influencia directa sobre los hábitos y pautas de consumo en la sociedad dando origen a nuevos valores; de modo que el consumo masificado tanto de objetos como de imágenes, la cultura hedonista que apunta a un confort generalizado y personalizado, la presencia de valores permisivos y livianos en relación con las elecciones y modos de vida personales, constituyen los rasgos distintivos de la posmodernidad.

Sociedad disciplinaria / Sociedad flexible. Las transformaciones culturales y en los valores morales implican además de cambios en las pautas de consumo, una fractura concreta de la *sociedad disciplinaria* (Foucault 2004) y la instauración de una sociedad más flexible basada en la información y en la estipulación de las necesidades. La sociedad disciplinaria, si bien correspondía a un sistema político democrático, era de tipo autoritario. Se tendía a sumergir al individuo en reglas uniformes, a eliminar lo máximo posible las elecciones singulares en pos de una ley homogénea y universal. Existía una primacía de la voluntad global o universal que tenía fuerza de imperativo moral y que exigía cierta sumisión y abnegación a ese ideal. La modernidad –plasmada como sociedad disciplinar– constituyó una subjetividad y una forma de ejercer el control sobre esta subjetividad. El control de las mentes y las conciencias permitió el control sobre los cuerpos y las prácticas sociales de los sujetos (Foucault 2004).

No obstante, y tal como pretende reflejar el presente trabajo, la posmodernidad no implica una liberación del control social sino que la manera de ejercerlo varía: ahora la vigilancia se ejerce a través de la seducción, de una oferta diversificada de consumo tanto de objetos como de imágenes, consumo de hechos concretos o de simulacros. En este sentido, Mafud señala que de una sociedad del control físico –en sentido foucaultiano–, del *superyo* y de la conciencia, se ha pasado a una sociedad del *ello* en donde impera la emoción y el deseo (1985:40). Se diversifican las posibilidades de elección individual, se anulan los puntos de referencia, ya que se destruyen los sentidos únicos y los valores superiores dando un amplio margen a la elección singular. Lo interesante es pensar esta lógica no como la aspiración a un paraíso terrenal sino como una nueva forma de control social. La posibilidad de constitución de una nueva subjetividad tal vez más controlable que la subjetividad moderna-revolucionaria implica solamente tecnologías blandas de control.

Fragmentación del tiempo y del sujeto. Por su parte, Jameson (1991) observa la pérdida de la historicidad en el individuo posmoderno suscitada a partir de la velocidad de la información audiovisual al percibirse en una pantalla el mundo al instante, sin referencias de un antes o un después. Las nuevas tecnologías son producto de una nueva etapa del sistema capitalista que requiere del consumo masivo. Según el autor, el posmodernismo se caracteriza por a) la *expansión de la cultura de la imagen*: la estetización de la vida entendida como el rápido fluir de signos e imágenes que impregnan la cotidianeidad hasta constituirse en ideología del consumo asegurando la supervivencia de la sociedad actual; b) la esquizofrenia provocada por la *ruptura de la cadena de significantes* en los mensajes: el *presente* engloba al individuo y lo aísla de su historia; y c) la *fragmentación del sujeto* que sustituye la patología cultural histérica o neurótica del modernismo por "la mengua de los afectos". Por tanto, el fin del ego encarnado en la figura del individuo burgués autónomo señala que el sujeto alguna vez estuvo centrado durante el período del capitalismo clásico y de la familia nuclear, pero que ahora se ha disuelto en un mundo organizado tecnológica y burocráticamente. La consumación del ego implica también el fin del estilo personal en el arte dada la preponderancia de la reproducción mecánica de las obras (Benjamín 2008).

Además el posmodernismo implica el final de los grandes tópicos y las metanarrativas –reemplazados por categorías temporales–, ahora los lenguajes culturales están dominados por categorías de espacio (Jameson 1991:80). De modo que los filmes diluyen la contemporaneidad permitiéndole al espectador recibir la narrativa fuera del tiempo histórico real porque el lenguaje artístico del simulacro del pasado mengua la posibilidad de experimentar la historia de manera activa. Existe entonces una crisis de la historicidad manifiesta sintomáticamente en la imposible adaptación del organismo humano a las velocidades del nuevo sistema mundial. El sujeto posmoderno se vuelve incapaz de procesar la historia misma. La cultura de consumo contemporánea socavaría entonces las universalizaciones y el sentido de una *narratividad* ordenada de la vida cotidiana, acentuando un presente polifacético y en constante cambio (Jameson 1991:70).

Por otro lado, además del fin de las metanarrativas y la pérdida de una narración histórica ordenada, en la posmodernidad aparece *la transformación de la realidad en imágenes* y *la fragmentación del tiempo en eternos presentes*. Sucede la aparición del *pastiche* y los simulacros, de la diversidad y la heterogeneidad estilísticas que conllevan a una pérdida del referente, es decir a la «muerte del sujeto», *el fin del individuo* (Jameson 1991; 2002). Se trata de cierta pérdida del sentido narrativo, la experiencia se encontraría, entonces, desconectada.

La *transformación de la realidad en imágenes* de Jameson es un concepto similar al que utilizada Baudrillard (1983) al interpretar a la sociedad posmoderna como *mundo de simulacros*. A la *fragmentación del tiempo en presentes perpetuos* (Jameson 1991) Baudrillard la señalada como "rasgos de esquizofrenia". Se trata de una experiencia similar a la del espectador televisivo que hace *zapping* y toma solo algunos fragmentos pero jamás una idea totalizadora. La esquizofrenia es el derrumbe de la relación entre significantes, de la temporalidad, de la memoria y de cierto sentido de la historia.

Ethos hedonista y legitimación del placer. En *La era del vacío* (1996), Gilles Lipovetsky asegura que a cada generación le complace reconocerse y encontrar su propia identidad en una gran figura mitológica o legendaria que reinterpreta en función de los problemas del momento. Por ejemplo, Edipo como emblema universal, o, Prometeo, Fausto o Sísifo como espejos de la condición moderna. Hoy Narciso es el símbolo del tiempo actual. Aparece así un nuevo estadio del individualismo, el narcisismo designa el surgimiento de un perfil inédito del individuo en sus relaciones con él mismo y su cuerpo, con los otros, el mundo y el tiempo. En el momento en que el capitalismo autoritario cede el paso a un capitalismo hedonista y permisivo, acaba la edad de oro del individualismo competitivo a nivel económico, sentimental a nivel doméstico, revolucionario a nivel político y artístico, y se extiende un individualismo puro, desprovisto de los últimos valores sociales y morales que coexistían aún con el reino glorioso del *homo economicus,* de la familia, de la revolución y del arte. Emancipada de cualquier marco trascendental, la propia esfera privada cambia de sentido, expuesta únicamente a los deseos cambiantes de los individuos. Si la modernidad se identifica con el espíritu de empresa, con la esperanza futurista, está claro que por su indiferencia histórica el narcisismo inaugura la posmodernidad, última fase del *homo aequalis.* Poder planificar una vida "a la carta" sería la utopía de los tiempos posmodernos como el mito, tal cual lo señala Lipovetski, que ya no sería Prometeo como en la modernidad sino Narciso.

De esta manera, Lipovetsky (1994) interpreta a la cultura posmoderna mediante un *proceso de personalización* con un marcado sesgo narcisista y hedonista, lo que implica la acentuación del individualismo hasta el egoísmo. Según el autor, la consigna del sujeto posmoderno es mantenerse joven y hermoso. Se ennoblece el placer y el cuerpo. Por eso, ya no es necesario hablar de dietas, gimnasias o tratamientos médicos para sentirse físicamente bien, sino para lucir un envase o envoltorio atractivo y lo más joven posible. Lipovetsky destaca el papel otorgado a la imagen. El ethos hedonista se expresa intentando reconciliar la distracción, el ideal, el placer y el corazón. Hoy el principio de la conducta es el goce de "las pasiones egoístas y de los vicios privados", sin problemas de conciencia porque las "obligaciones hacia Dios" y al prójimo ya fueron sustituidas hace tiempo por las "prerrogativas del individuo soberano".

Jameson (1991) destaca que los tres factores propios de la posmodernidad: *estetización, ahistoricidad* y *consumismo* generan un ethos hedonista que se diferencia de su precedente moderno y vanguardista, en que ya no es transgresor de la moral religiosa, o laica del *deber*, porque el placer ya no está prohibido.

Por su parte, Bell (1977) sostiene que el arte socavó la moralidad, y la ética puritana del trabajo cedió el paso a una búsqueda hedonista de nuevas sensaciones y gratificaciones por parte del *yo sin trabas*. La crisis posmoderna del capitalismo puede ser considerada como fundamentalmente moral lo cual afecta no sólo a las conductas individuales con sus contradicciones, "responsable de día y juerguista de noche", sino también a las instituciones liberales que lo sustentan, porque "el hedonismo tiene como consecuencia ineluctable la pérdida de las *civitas*, el egocentrismo y la indiferencia hacia el bien común".

Resignificación y dominio cultural. Stuart Hall (1993) haciendo hincapié en los modos de producción, propone designar a la posmodernidad como *posfordista*, considerándola un estadio posterior al capitalismo industrial.

Señala que este término es el adecuado ya que como Gramsci ([1934]1981) hizo uso del término *fordismo* para dar cuenta de cierta tendencia de la sociedad capitalista que no se reducía a un mero fenómeno de base económica, posfordismo señala el rol constitutivo en el cual las relaciones sociales y culturales permiten analizar el renovado sistema económico. Sin embargo, el término posee una importante significación cultural y social. La revolución cultural a la que Hall hace referencia se evidencia en:

> (…) la existencia de una gran fragmentación y pluralismo social, el debilitamiento de viejas solidaridades colectivas y de las identidades concebidas como 'bloques' ante la emergencia de nuevas identidades. Por eso la maximización de elecciones individuales a través del consumo personal son dimensiones igualmente significantes de las tendencias del posfordismo… (1993:94).

Hall considera al posfordismo como resultado de una profunda transformación en los modos de trabajo, tecnología mediante, en los productos y esencialmente en su comercialización y consumo. El marco es una economía dominada por empresas multinacionales y la globalización de los mercados financieros. En las sociedades actuales, con las agrupaciones obreras y profesionales debilitadas, las multinacionales han actuado con gran autonomía frente a estados débiles que priorizan el ingreso de capitales privados sobre el bienestar social.

En cuanto a la cultura de consumo, Hall (1993) asegura que esta época está signada por una mayor elección y diferenciación de productos, así como en su presentación y diseño. Se "pescan" consumidores según su estilo de vida, gusto y cultura y no por clase social de pertenencia. El posfordismo es, para el autor, una descripción cultural tanto como económica. Incluso tal diferenciación resultaría en algún punto inútil ya que la cultura se ha vuelto más concreta y material que nunca. A través del diseño y las tecnologías, la estética ha penetrado en el mundo de la producción. Por medio de la comercialización y el estilo, la *imagen* provee un modo de representación y de narrativización ficcional del cuerpo sobre el que tiene base el mercado de consumo. La cultura actual, es para Hall, material en sus prácticas y modos de producción. El mundo de las mercancías y tecnologías es profundamente cultural. La tecnología no estaría indicando algún tipo de racionalidad determinista sino que además implicaría nuevos modos de pensar y de relacionarse con los otros.

Scott Lash (1997) al exponer sobre posmodernidad también pone el acento en el aspecto cultural de los nuevos tiempos. En principio el autor asegura que la modernidad estuvo regida por un proceso de diferenciación, sin embargo la posmodernidad está caracterizada a partir de un *proceso de des-diferenciación*. Según Lash existen cuatro componentes básicos en todo paradigma cultural: 1) la relación entre los tipos de objetos culturales producidos –estético, teórico, ético–; 2) la relación entre lo cultural y lo social; 3) su *economía cultural*, es decir las condiciones de producción y consumo; y 4) el modo de significación (1990:29). De acuerdo con el autor, la modernidad suponía la diferenciación entre los mencionados componentes y la posmodernidad, su *des-diferenciación*.

Las tres esferas culturales principales pierden su autonomía, en un proceso en el que el dominio es estético e impera sobre las esferas teórica y político-moral. Por otro lado, el dominio cultural ya no es *aurático* (Benjamin 2008), porque ahora no se halla separado de lo social. Según el autor, este hecho está directamente relacionado con la ruptura entre las fronteras que tradicionalmente separaban a la alta cultura de la popular, y con el paralelo desarrollo de la masificación de la alta cultura. Pero al mismo tiempo, se trata de una nueva inmanencia de la cultura en lo social, en que las representaciones también asumen la función de símbolos. Lo particular en la teoría de Lash es la manera de explicar la posmodernidad, haciendo hincapié en los giros culturales que la época trae aparejados, y proponiendo un modelo de periodización: diferenciación/des-diferenciación cultural para dar cuenta del paso modernidad/posmodernidad.

Featherstone (2000) propone rechazar la idea de una sociología posmoderna y reemplazarla por la búsqueda de una explicación sociológica del posmodernismo como proceso complejo y de gran escala. En un interés por vincular los términos de posmodernismo, cultura posmoderna y posmodernidad, elabora una plausible e interesante asociación entre los tres términos. Sugiere que el movimiento hacia lo posmoderno se expresa en prácticas intelectuales y artísticas, que pueden ser interpretadas como un clave indicio hacia la cultura posmoderna. Se trataría entonces de un proceso más complejo de producción, consumo y circulación de bienes y prácticas culturales. El autor cree que es posible que estas tendencias asuman dimensiones epocales implicando la transición hacia la posmodernidad. Las cualidades antinómicas y transgresoras de las subculturas artísticas e intelectuales del modernismo han invadido la vida cotidiana a través del desarrollo de la cultura de consumo (Featherstone 2000:135). El autor hace una distinción del término cultura, entendiéndolo desde dos concepciones diferentes. En primer lugar, la cultura puede ser entendida bajo un velo antropológico en tanto significados atribuibles a prácticas específicas de la sociedad. Y, por otro lado, la cultura puede tener un sentido de "alta cultura", como producto simbólico que a partir del siglo XVIII se proyectó como esfera autónoma con intenciones universalistas.

Jameson (1991) propone considerar al posmodernismo como la "dominante cultural de la lógica del capitalismo tardío", según el concepto de Ernest Mandel, y no comparte la condena moral a su trivialidad esencial cuando se la compara con la seriedad temática utópica de las manifestaciones artísticas del modernismo. La cultura dominante de fin de siglo es vista por el autor como un fenómeno histórico real, no una mera ideología o fantasía cultural. El reconocimiento acrítico o amoral del posmodernismo lleva a Jameson a reflexionar desde la dialéctica materialista de Marx para quien el desarrollo histórico del capitalismo generaría aspectos positivos y negativos al mismo tiempo (catástrofe y progreso). "¿Podemos identificar algún momento de verdad en medio de los más evidentes momentos de falsedad de la cultura posmoderna?" (1991:77).

La cultura hoy, en su expansión, abarca todos los terrenos del campo social y este planteamiento es "muy coherente en su esencia con el diagnóstico previo de una sociedad de la imagen o el simulacro" donde los medios han transformado *lo real* en un conjunto de pseudo acontecimientos, por eso ya no existe distancia estética entre la cultura y el capital multinacional, porque éste lo penetra todo, aún la naturaleza y el inconsciente (Jameson 1991:77). Para el autor, si bien no toda la cultura es posmoderna, sí el posmodernismo es una dominante cultural en estos días. En suma, la *dominante cultural* presenta las siguientes características:

- Una nueva superficialidad vinculada a una nueva cultura de la imagen, estética y simulacro.
- Un tipo nuevo de emocionalidad, es decir, intensidades basadas en lo individual, hedonista y placentero.
- Un consecuente debilitamiento de la historicidad, tanto en relación con la historia pública como privada. El futuro ya no importa, sólo el presente es relevante y algo del pasado que conviva sin conflicto.
- La profunda relación entre los rasgos antes mencionados, que a su vez constituye la materialización de un sistema económico internacional nuevo.

Por su parte, Baudrillard (1983) ofrece una interpretación del mundo posmoderno en función de la sobrecarga cultural causada por una superproducción de información en los medios de comunicación generando una sociedad de simulacro. La consecuencia directa sería, entonces, una implosión del significado y un mundo de simulacros en donde se vive en una "alucinación estética de la realidad".

En este sentido y retomando a Baudrillard, Featherstone sugiere la necesidad de comprender la cultura posmoderna, no sólo por medio de los signos, sino a través del examen riguroso de la forma en que son empleados por representaciones de los individuos en sus prácticas cotidianas. A lo que agrega: "...una proliferación de signos, un torrente de nuevos bienes y mercancías culturales como el que se produjo en la Inglaterra del siglo XVIII y el París de mediados de siglo XIX tiene un efecto culturalmente democratizador y torna más difícil la lectura de signos" (2000:113). En suma, el momento posmoderno insinúa entonces un incremento de la significación de la cultura: "hoy todo es cultural" (Baudrillard 1983); es así como resulta evidente la imperiosidad de investigar las formas de transmisión y de consumo, las prácticas de los especialistas simbólicos y las audiencias cuyas inclinaciones vuelven receptivas a las nuevas formas de sensibilidad.

Orígenes de la estetización de la vida cotidiana

Referirse al posmodernismo necesariamente implica hacer alusión a la *supresión de la barrera entre el arte y la vida cotidiana*, y *entre el arte elevado y la cultura de masas* (Featherstone 2000). Se trata de la fundición de la sensibilidad estética y la vida diaria, produciendo un artificio como única realidad disponible. Ello no implica asumir al fenómeno como algo dado o inserto en la naturaleza de la percepción humana, sino indagar el proceso desde su formación. Existen tres sentidos que pueden dársele al proceso de estetización de la vida cotidiana (Featherstone 2000). El primer sentido alude a las subculturas artísticas como el dadaísmo, la vanguardia histórica y los movimientos surrealistas en la Primera Guerra Mundial y la década del veinte. Estos movimientos intentaron borrar las fronteras que separaban el arte de la vida cotidiana. Se procuraba derribar las antiguas distinciones entre la cultura superior y la cultura de masas, poner en evidencia que el arte podía hallarse en cualquier sitio. En la misma línea e igual intención, surge el arte pop en los sesenta, caracterizado por la ruptura con antiguas concepciones culturales, y señalado como contracultura.

En segundo lugar, la estetización de la vida cotidiana puede vincularse al proyecto de hacer de la vida una obra de arte. En este sentido, el sujeto busca ávidamente la distinción por medio de la originalidad en sus elecciones. Featherstone se refiere concretamente a "la búsqueda de una superioridad especial a través de la construcción de un estilo de vida rigurosamente ejemplar (…) la preocupación heroica por alcanzar la originalidad y la superioridad en la vestimenta, el porte, los hábitos personales y aun el mobiliario…" (2000:119). Resulta necesario asociar la intención de hacer de la vida *un todo estéticamente placentero* con el desarrollo del consumo masivo que implica la búsqueda de nuevos gustos y sensaciones junto con la construcción de estilos de vida distintivos.

Por último, el tercer sentido que puede atribuírsele al proceso de estetización, alude al rápido flujo de signos e imágenes que penetran hasta saturar la sociedad contemporánea.[2] Este postulado está basado en la teoría marxista del *fetichismo de la mercancía* (Marx 1979 [1867]). Theodor Adorno (1941) retomó la tradicional teoría y la vinculó con un creciente predominio del valor de cambio abstracto que reemplazó al valor de uso dejando a las mercancías libres de asumir un valor de uso secundario.[3]

---

[2] Si bien son tenidos en consideración los tres aspectos con que Featherstone (2000) da cuenta del proceso de estetización de la vida cotidiana este trabajo toma como eje de investigación el segundo sentido: la búsqueda de gustos, prácticas y distinciones que contribuyen a construir la vida de los sujetos a partir de un proyecto propio.

[3] Estas ideas fueron publicadas originalmente en el artículo "Veblen's Attack on Culture", en 1941, en la revista *Studies in Philosophy and Social Sciences*.

Existe cierta manipulación comercial de las imágenes a través de los medios de comunicación –tradicionales y digitales– y la publicidad que generan una *eterna reelaboración de los deseos a través de las imágenes*. En la sociedad de consumo ya no habría sólo circulación material sino también la colocación de las personas frente a imágenes oníricas que conversan con los deseos estetizando la realidad. Asimismo, el flujo de imágenes vuelve dificultoso concatenarlas en un mensaje significativo: la intensidad y el grado de saturación es tan importante que obstaculizan la sistematización y la narratividad.

Baudrillard (1983) desarrolló la teoría del signo–mercancía a propósito del proceso de estetización de la vida cotidiana. El valor sucedáneo o secundario que adquieren las mercancías –al que Adorno ([1970]1983) hizo referencia– fue identificado con el concepto valor–signo por Baudrillard. Las mercancías se convirtieron en un signo en el sentido saussureano del término, cuyo significado está arbitrariamente determinado por su posición en un conjunto autorreferencial de significantes. Baudrillard lleva su razonamiento aún más adelante asegurando la sobrecarga de información proporcionada por los medios de comunicación poniendo en exposición un importante flujo de imágenes y simulacros fascinantes. Sugiere que en esta hiperrealidad *lo real* y *lo imaginario* se confunden y la fascinación estética se halla en cualquier sitio. El arte se independiza, deja de estar sujeto a la realidad ingresando en la producción y reproducción, provocando que la realidad trivial y cotidiana caiga bajo el signo del arte volviéndose estética. De esta manera, el fin del arte y de la realidad como entes independientes, y la fusión de ambos, conlleva al mencionado fenómeno de *hiper–realidad*.

¿Cuáles son los orígenes culturales que podrían vincularse con la época actual? Las características del carnaval medieval incidieron en el posmodernismo y la estetización de la vida cotidiana; también tuvieron una implicancia directa en la conformación de la identidad de las clases medias al

querer distanciarse éstas de lo vulgar de las calles y ferias. Precisamente, las ferias eran sitios de placer en donde se interceptaban distintas culturas convergiendo lo exótico y lo familiar, extravagantes yuxtaposiciones, que incidieron en la época actual estimulando el deseo y la excitación. De esta forma, el proceso de civilización produjo un control cada vez mayor sobre las emociones:

> ... la sensación de repugnancia ante las delaciones corporales, los olores, la transpiración y los ruidos del cuerpo inferior, y la sensibilidad hacia el espacio corporal propio. Comprometió a la clase media en un proceso de complejo distanciamiento respecto del otro popular, grotesco (Featherstone 2000:140).

El interés de los sectores medios por despegarse de lo grotesco en el proceso civilizatorio implicó un control sobre las emociones y las funciones corporales que provocó el cambio en la conducta y modales:

> El cuerpo grotesco del carnaval es el cuerpo inferior de la impureza, la desproporción, la inmediatez, los orificios, el cuerpo material, opuesto al cuerpo clásico, que es bello, simétrico, elevado, visto a la distancia: en síntesis, el cuerpo ideal. El cuerpo grotesco y el carnaval representan la alteridad que queda excluida del proceso de formación de la identidad y la cultura de la clase media. (...) El otro al que se excluye como parte del proceso de formación de la identidad se convierte en objeto de deseo (Featherstone 2000:137).

De este modo queda expuesto que ciertas características de la estetización de la vida cotidiana tendrían orígenes en las experiencias de las grandes ciudades de mitad de siglo XIX. Experiencias estéticas similares al carnaval y las ferias, donde las clases medias emergentes se esforzaban en diferenciarse de lo grotesco y carnavalesco del medioevo, e incidieron en la construcción de la identidad de clase a partir de la alteridad que transcurría de forma paralela al proceso de civilización. En rigor, para que uno sepa quién es, es preciso que sepa quién no es, y el material excluido o confinado a los límites puede seguir mostrando fascinación y atractivo y estimulando deseo.

Entonces, se advierte cierto "descontrol controlado de las emociones" en el transcurso del desarrollo civilizatorio de la nueva clase media, en el que pasan a estar permitidas, volviéndose por momentos obligatorias, formas de conducta y exploración de las emociones que anteriormente estuvieron prohibidas y sancionadas (Wouters 1986).[4] De este modo, quedaría evidenciada la capacidad de la nueva clase media para exhibir un hedonismo calculador, emprender exploraciones estéticas y emocionales, que no implicarían un rechazo al control, sino a un "descontrol controlado" de las emociones, más cuidadosamente circunscrito y más responsable desde el punto de vista interpersonal. El autor sugiere además, la necesidad de superar la dicotomía racional–emocional e investigar las condiciones y prácticas de la nueva clase media que crean la posibilidad de un aflojamiento de los controles en experiencias estéticas y emocionales, que en principio conllevaría a una mayor receptividad a los bienes y experiencias simbólicos posmodernos.

Por otro lado, autores como Jameson (1991; 2002) y Lipovetsky (1996) analizan cierta crisis ético-cultural de la modernidad y el surgimiento de expresiones estéticas en la sociedad posmoderna. Evidencian nuevas sensibilidades como producto del impacto que las tecnologías mediáticas provocan en los individuos, dando origen a los fenómenos de estetización de la vida cotidiana y fragmentación del sujeto en la objetivación del consumo. El estilo de vida consumista y hedonista se difunde entonces, con el aporte de la tecnología y los nuevos diseños. De modo tal que la estética penetró el mundo de la producción moderna acorde a los

---

4   Estas ideas fueron publicadas en el artículo "Formalization and Informalization: Changing Tension Balances in Civilizing Processes", el 1 de junio de 1986, en la revista *Theory, Culture & Society* (vol. 3, issue 2, pp.1-18) [disponible en línea https://goo.gl/AQgGhZ].

nuevos tiempos: la imagen se volvió un lugar clave en la comercialización y el consumo; el estilo y la representación del cuerpo son puntos quid donde se apoya el consumo actualmente. Más aún, a través de la publicidad, existe una proliferación de mundos que tienen sus propios códigos de comportamiento que remiten a ciertas escenas, economías y placeres que sólo pueden ser alcanzados, como en un espejismo, a través del consumo. La sociedad posmoderna va más allá del consumo, sencillamente lo exalta y honra.

A diferencia de la sociedad disciplinaria de la modernidad que analizó Foucault (2004), cuyo objeto era la normalización de la conducta de los individuos con claras intenciones de homogeneizar a la sociedad a través de las *instituciones de secuestro*, la posmodernidad propone nuevas formas de control a través del ofrecimiento de un abanico de opciones disponibles en el mercado de consumo. De acuerdo con Lash y Urry (1998), la experiencia cotidiana está cada vez más estetizada, y nuestro consumo cada vez está más cautivo del diseño de cualquier objeto. Sin embargo, todos los autores que han sido convocados en este capítulo comparten la preponderancia de los valores estéticos en la posmodernidad haciendo hincapié en la imperiosidad de analizar a la época desde una perspectiva netamente cultural. Si bien, la modernidad tardía ha evidenciado cierto cambio económico, sostienen que la vertiente cultural se ha vuelto más concreta y definitiva que en otros momentos de la historia. Se evidencia de manera contundente entonces, cierta resignificación cultural.

2

Estilo de vida como proyecto reflexivo del yo

> Un espacio para el desarrollo de esa reflexividad crítica se ensancha en parte por la difusión de competencias culturales y en parte por la ruptura tendencial de la confianza en los sistemas expertos del orden nuevo. Esta reflexividad acrecentada es ante todo inherente a un radical fortalecimiento de la individualización en la modernidad tardía. (…) hoy corre un proceso de destradicionalización que emancipa cada vez más a los agentes sociales del control heterónomo o la regulación que ejercían las estructuras sociales, en favor de lo auto-regulador y auto-reflexivo (Lash y Urry 1997:17).

Individualización: Reflexividad cognitiva y estética

Para profundizar en el *proceso de individualización* se convocan tres de los principales autores contemporáneos que pensaron la reflexividad social: Beck, Giddens y Lash (1997), con los matices que cada cual le imprime a la temática. Sin embargo, es preciso recordar que la preocupación teórica por la creciente separación del sujeto respecto de los espacios y prácticas de socialización tiene una larga tradición en las Ciencias Sociales.[1] En este sentido, se reconoce

---

[1] Por ejemplo, según George Simmel (2002), la individualización se relaciona con la diferenciación social generada por la creciente modernización de la sociedad –especialmente, industrializadas–, lo que incide en la ampliación de posibilidades de –mayor– libertad y autonomía personal. En tal sentido, la modernización, en el contexto de la modernidad, implicó un cambio

-entendido como progreso– en las condiciones materiales de vida, en el desarrollo de nuevas instituciones que reemplazarían a las antiguas, en la generación de nuevas formas de interacción y relaciones sociales, cuestiones que generaban condiciones de desarrollo individual y también profesional, por tanto la identidad individual en una sociedad urbana y de masas se constituye en un fenómeno nuevo. Asimismo, Simmel (1977) señala que la individualización producida por la universalidad del dinero, también hace que, en la economía monetaria, la personalidad pueda diluirse, y llega a afirmar que "la personalidad es tan indiferente como la de un huésped, en una habitación de hotel". La individualización entonces consistía en un proceso de desvinculación y revinculación. Desvinculación de las formas tradicionales que definían o regulaban los vínculos, establecían las normas, convenciones e instituciones que configuraban la vida de las personas, definían sus posibilidades, daban protección y certezas; en tal contexto, podemos afirmar que la identidad no era un problema (al menos sociológico). Como se dijo, también la individualización implicó la revinculación a nuevas formas sociales y de constitución de la vida social, que implicaron cambios en la relación del individuo con la sociedad y entre los individuos, que implicaron diferenciaciones que favorecieron el desarrollo de la identidad individual, lo que se configuró como un problema a comprender y explicar.

Al respecto y para ahondar en la cuestión, se recomienda la tesis doctoral de Enriquez Riutor (2016), "Fetichismo de la subjetividad: individualización, malestar y consumo" [disponible en https://goo.gl/2G5BDU].

Por su parte, Norbert Elias (1982; 1987) considera que el proceso de individualización debe estudiarse como una transformación histórica, y desde esta perspectiva, critica a las tradiciones sociológicas presentistas por no tomar en cuenta los cambios de largo plazo. Los procesos de individualización y civilización se caracterizan por el paso de pequeñas agrupaciones hacia grandes conglomerados humanos. La movilidad aumenta conforme disminuye el encapsulamiento dentro de familias, grupos ligados al parentesco y comunidades locales. El individuo deja de pertenecer a las pequeñas unidades sociales para integrarse paulatinamente a las grandes organizaciones. Las tareas de protección y control que eran ejercidas por uniones vitalicias e indisolubles, y grupos endógenos reducidos (como clanes, comunidades rurales o gremios) se transfieren a las agrupaciones estatales altamente centralizadas y cada vez más urbanas. Es decir, Como de alguna forma ya lo había demostrado Max Weber (1944), Elias considera que la diversificación social se produce con procesos paralelos de urbanización y burocratización. Los asentamientos rústicos se transforman primero en colonias urbanas y ciudades república, y posteriormente en conjuntos de ciudades o reinos con una organización política centralizada, que en el transcurso de la historia, dará lugar primero a los Estados dinásticos y luego al Estado-nación (1987).

En suma, la sociología se ocupó extensamente en indagar el impacto de esta distancia en las sociedades modernas. No es sin embargo, el propósito de este capítulo reconstruir esa serie teórica sino más bien contextualizar la especificidad actual de esta problemática.

que fue con la obra del alemán Ulrich Beck, *La sociedad del riesgo* (1996; 1997), que la discusión volvió a la escena europea a mediados de los ochenta. La *reflexividad* es en Beck la contracara de las inevitables consecuencias de la *sociedad del riego*. Es decir, alude a la capacidad que tiene la sociedad de convertirse en un problema para sí misma, de autoexaminarse en sus peligros y vulnerabilidades actuales, pero también en sus posibilidades políticas. El proceso de individualización no significa mayor libertad política, sino que da cuenta del padecimiento de cierta libertad que en vez de emancipar, amenaza a los individuos a dar constantemente una definición sobre sí mismos, una vez desaparecidas las fuentes del significado colectivo que constituían el soporte de las democracias y sociedades industriales. En *Hijos de la libertad* (1999), Beck desarrolla los argumentos por los cuales el individuo contemporáneo padece más que disfruta de una nueva dimensión de la autonomía personal: "sufrimos, pues, de libertad y no de crisis. Más exactamente, de las consecuencias involuntarias y de las formas de expresión de un plus de libertad que se ha vuelto cotidiano" (1999:10). Sin embargo, esta individualización no implica automáticamente atomización o alienación. Se refiere, más bien, al "proceso de desvinculación y revinculación a nuevas formas de vida de la sociedad industrial en sustitución de las antiguas, en las que los individuos deben compulsivamente producir, representar y combinar por sí mismos sus propias biografías" (Beck 1997:28), así como conectarse con el resto de las narrativas vitales.

Entonces, la segunda fase de la modernidad –poniendo el acento en el resquebrajamiento de las seguridades– produjo la confrontación con los riesgos políticos, ecológicos y sociales generados por el afán de control y racionalización propio de la primera modernidad. Para Beck, la disolución de reglas y roles instituidos tiene por consecuencia "la liberación de los individuos del enjaulamiento de las instituciones" (Beck 1996:229). Ante la incertidumbre y la ambivalencia de la sociedad del riesgo los modelos anteriores se derrumban porque las estructuras dejan de tener efectos determinantes sobre la autobiografía del propio sujeto. A diferencia de lo que ocurría en la fase de la modernidad simple, la posición ocupada en el proceso de producción ya no condiciona fundamentalmente los hábitos, costumbres, puntos de vista y posturas políticas de los individuos. Al respecto, el desmoronamiento de la legitimidad de los sistemas tradicionales ante las amenazas sugiere un nuevo desafío político ante la inevitabilidad de los efectos autodestructivos de la sociedad del riesgo. De allí que la revisión reflexiva de los fundamentos, normas y estructuras de racionalidad, propios de la sociedad industrial, provoque un doble movimiento. Por un lado, reactiva reclamos de ciudadanía vinculados con las nuevas formas de vulnerabilidad social y, por el otro, deja abierto el interrogante por los espacios válidos para la formulación e interpelación de estas demandas.

De acuerdo con Beck, ante el carácter ambivalente de la *seguridad/inseguridad* se abre un espacio de reflexión y actuación inédito. Esta nueva instancia acepta la naturaleza pendular de la sociedad y opera democratizando la crítica al promover la confrontación permanente de las prácticas y valores que movilizaron a la sociedad industrial con las acciones individuales y colectivas de la sociedad del riesgo. En tanto "destrucción creadora", la modernización reflexiva otorga un lugar preponderante al despliegue de las acciones y posibilidades subjetivas, así como habilita nuevas condiciones para *inventar* lo político. Su conceptualización se separa tanto del *materialismo cultural* de raíz gramsciana, como de los pronósticos teleológicos del *fin de la historia*. Así, la teoría de la modernización reflexiva que propone Beck no es "una teoría de la crisis o de las clases, ni una teoría del ocaso, sino una teoría de la autoneutralización y sustitución no pretendida y latente de la modernidad socio-industrial" a través de su propia dinámica (Beck 1997:242). En su análisis, los actores no reproducen las estructuras sino que las modifican. Pero el enfrentamiento propio de la desigualdad de clases queda disuelto en "una disposición fluctuante al conflicto, orientada por la opinión pública massmediática" (Beck 1997:243). Por eso, ante la pregunta sobre qué desafíos políticos están vinculados a los nuevos desafíos reflexivos, Beck responde con una provocación: la extinción de la política puede acompañar la activación de lo que él llama la *subpolítica*: la lucha por una nueva dimensión de lo político, que diseñe nuevos contenidos, nuevas formas y nuevas alianzas (1997:243).

Giddens (1997) comparte a grandes rasgos este diagnóstico: ante la crisis de los modelos identitarios tradicionales, la constitución del *yo* deviene un proyecto reflexivo personal. Es el individuo quien tiene que interpretar su propio pasado, fundamentar sus opciones, elegir cómo ser y cómo actuar, para de esa manera ir construyendo reflexivamente su propia identidad, en una narrativa que unifica la experiencia y brinda coherencia al yo. Este carácter abierto de *autoidentidad* abre nuevas posibilidades de autonomía para los individuos y otorga una mayor democratización en las relaciones sociales. En este sentido, Beck comparte Giddens la afirmación de que, una vez disociada la tradición, la sociedad moderna debe fundamentarse a sí misma y que la misma se elabora ahora a partir de los materiales reflexivos que permiten la construcción de nuevas narrativas del *yo*. Sin embargo, en Giddens esa auto-reflexividad está informada por los sistemas abstractos y por los medios discursivos de interrogación –el psicoanálisis, los manuales de autoayuda y los talk shows televisivos, en tanto dispositivos verdaderamente emancipatorios de la autonomía individual–[2]. No obstante, según Beck el punto de partida de las narraciones vitales es la crítica y la distancia respecto

---

2   La importancia de la discursividad pública de la experiencia está presente en Giddens cuando analiza el carácter narrativo de las prácticas privadas de intercambio: familiares, de género, vecinales y de auto ayuda. Para el autor, estas formas no protocolares de discusión y de creación de biografías mutuas son las que desafían las definiciones "oficiales" del mundo, y abren espacios para el diálogo público en relación con los problemas de los que se ocupan.

del aparato científico y de los dispositivos de autoanálisis. Para Giddens la reflexividad también significa facultad de interrogación, pero en su caso el énfasis está principalmente puesto en el auto-examen que los sujetos hacen frente a sus prácticas, así como en la tensión que estas revisiones producen en las estructuras, y en su capacidad para elaborar un marco básico de confianza identitaria. Este distanciamiento entre acción y estructura es resultado de dos grandes procesos. Por un lado, el quiebre de la tradición como núcleo organizativo de los significados, las experiencias y las certezas ontológicas del individuo. Por el otro, la mutación paulatina y constante de las relaciones privadas que esta *destradicionalización* produce a partir de la experimentación de nuevos vínculos de intimidad y de la penetración de los saberes expertos en las prácticas cotidianas. De allí que el *secuestro de la experiencia* del que habla Giddens consista, justamente, en la operación de separación de las prácticas respecto de los sentidos que los informaban y permitían su inscripción en la rutinización cotidiana. En este marco, la reflexividad no es tanto el carácter crecientemente racional de las instituciones como la condición de despliegue del "proyecto reflexivo del yo", a partir del cual, puede esbozarse un renovado protagonismo público-político anclado en la pluralidad democrática de las interacciones intersubjetivas y en la inteligibilidad de la experiencia en un contexto de creciente autonomía emocional y social.

En efecto, preocupado por revisar la naturaleza del vínculo actual entre sociedad y política, Giddens describe un cuadro de situación en el que la democracia, lejos de reducirse, perder sentido o tergiversarse, ha extendido su alcance a otros ámbitos sociales. Se trata de espacios vinculados con la esfera de las relaciones privadas, familiares o comunitarias en los que la política es constantemente interpelada en sus formas y sus métodos desde cuestionamientos no necesariamente formales u ortodoxos. De modo que la emergencia de un nuevo "programa ético" para la reestructuración de la vida personal sienta las bases de una democracia pública y formal. En este punto, Giddens resalta el papel de las mujeres en la corrosión paulatina de las pautas sexistas de la interacción intersubjetiva, que ayudó a la instalación de una "sexualidad plástica",[3] separada de la reproducción, el parentesco y el corte generacional. En este sentido, el campo de la vida privada constituiría el primer escalón de un impulso progresivo de democratización hasta llegar a la instalación misma de un "orden mundial dialogante" (Giddens 1996:123-129).

Scott Lash (1997) completa el debate. En su planteo, la reflexividad nombra el "material variable, cognitivo y estético", del que disponen desigualmente los sujetos en su articulación conflictiva con la trama institucional de las sociedades. En Lash se advierte cierta preocupación por "retener" la noción de clase, tanto al momento de explorar la lógica de circulación de los distintos *recursos reflexivos* de la cultura como de preguntarse por las posibilidades de su apropiación por parte de los sectores menos integrados, sobre todo a los grandes sistemas comunicacionales de información y entretenimiento que, según el autor, son hoy las estructuras hegemónicas de esta reflexividad social. El planteo de Lash propone un interesante punto de partida para interpretar los productos de la industria cultural que explotan las capacidades narrativas de esta nueva *reflexividad del yo*, y que abarcan tanto a los talk y reality shows, como a la variedad de formatos audiovisuales que trabajan con el testimonio como condensación de la dramaticidad y la ficcionalización de las emociones de la vida privada.

Según Lash (1997), en la sociedad contemporánea más que preeminencia del actor sobre la estructura, se advierten *nuevas condiciones estructurales de reflexividad*, lo que redunda en una compleja dialéctica entre ambas instancias. De este

---

3   Según Giddens, esta nueva concepción de la sexualidad permite la reposición de los "atisbos morales y existenciales" que habían sido separados de las prácticas cotidianas por efecto de la construcción cultural de una sexualidad reproductora. Así, la liberación del mandato procreador devuelve a la sexualidad su espiritualidad y sentido de trascendencia originales.

modo, la *reflexividad* es un concepto relacional que articula dos sentidos simultáneos: por un lado, es el logro de una mayor independencia del sujeto respecto de la tradición y las formaciones sociales férreas, y por otro, la exigencia constante de autodefinición que se le presenta al sujeto una vez desmoronadas las fuentes clásicas ordenadoras del mapa social. A diferencia de Giddens y de Beck, Lash sí cree en la vigencia de la polarización de las clases, aunque ahora el conflicto se desplaza del lugar que ocupa el sujeto en la estructura laboral, familiar y política, a la pregunta por las posibilidades de acceso y la posición ocupada en las estructuras globales de información y comunicación, dado que allí se adquieren hoy las capacidades para el procesamiento de los bienes de la producción reflexiva en reemplazo de las estructuras sociales tradicionales. Alterado entonces, el principio canónico de acumulación aparece una nueva clase de excluidos, lo que Lash llama *perdedores de la reflexividad:* aquellos que quedan marginados de la sociedad informacional. El resultado de este proceso es la formación de guetos en los que ya no hay estructuras de regulación de ningún tipo: las viejas caducaron y las nuevas no los incluyen. En este sentido, la exclusión del reparto de los bienes intangibles de información y comunicación, y de las mismas condiciones básicas de existencia, se superponen con la exclusión del ejercicio de la ciudadanía cultural y política.[4] Desde esta perspectiva, la idea de subclase articula la desigualdad en los modos acceso a los flujos informativos, con la estigmatización social por criterios de raza, género, etnia y edad, así como con la inequidad en el reparto de las posibilidades de uso de los principales recursos reflexivos: la educación y los medios. Pero tal como resalta Lash (1997;1998), no se trata sólo de los bienes informacionales sino de toda una

---

[4] Para Lash los sectores más nítidamente perdedores de esta reflexividad son las minorías culturales, entre las que destaca a las mujeres y los jóvenes, pero en las que señala también a los grupos étnicos y a los inmigrantes que son desplazados por la movilidad descendente o que luchan por no quedar fuera del precario sector informal.

economía de los signos la que está en juego y la que abre paso a una reflexividad ya no meramente cognitiva sino estética, creadora de un nuevo ethos y de un *individualismo expresivo*. Al respecto sostiene que la reflexividad actual se relaciona fundamentalmente con la dimensión estética proveniente del arte pero también de la cultura popular y la vida cotidiana. Siguiendo los pasos de Benjamin (2008), Lash plantea que "la reflexividad estética sobre la vida cotidiana no tiene hoy lugar a través de una mediación conceptual sino mimética" (1997:168). En este cuadro, indica que los productos de la industria cultural son "triplemente reflexivos: como propiedad intelectual simbólica, como objetos mercantilizados y como publicitados" (Lash 1997:171). Al respecto, para el autor las industrias culturales no sólo pueden "captar la inmediatez de la experiencia cultural popular sino metamorfosearla en la desgraciada abstracción utilitaria de la mercancía" (Lash 1997:173).

En efecto, dado que el carácter poco mediado de la mimesis en la sociedad de masas da lugar al hedonismo, las tendencias consumistas y la adopción de posturas acríticas sobre la cultura, se trata de explorar nuevas formas reflexivas. Lash (1997) califica de insuficiente a la reflexividad estética, en la medida en que no es capaz de contemplar la construcción expresiva de un *nosotros*. Por el contrario, se detiene en un individualismo narcisista poco proclive a elaborar una subjetividad ya no abstracta sino interpretativa/comprensiva de la pertenencia comunal. Con esta consigna plantea la formulación de una "hermenéutica de la recuperación" que reconstruya "los fundamentos ontológicos del *ser-en-el-mundo* comunitario" (Lash 1997:181) y que en vez de centrarse en el libre juego de los significantes, señale los bienes sustantivos que diseñan una posible ética comunal y que ya circulan como significados compartidos de las prácticas sociales cotidianas.

Definiendo los estilos de vida

Una aclaración conceptual. Con una intensión simplificadora, teórica y metodológica, este trabajo toma como semejantes los conceptos *estilo de vida* y *cultura* [light] entendiéndolos como procesos similares: lo característico de un grupo cuyos modos de vivir y aspiraciones son compartidos.[5]

Así como se evidenció el recorrido académico de conceptos como *posmodernidad* y *proceso de individualización/modernización*, en este apartado se expone la larga tradición teórica del concepto *estilo de vida* en Ciencias Sociales.

En primer lugar, cabe reconocer que el concepto *estilo de vida* tiene una raíz weberiana, que sugiere *lo propio* de determinados grupos de estatus. En su Teoría de la Estratificación Social, Weber (Weber [1922]1944; 2003) indica que la clase no se define en términos productivos como en Marx sino que también influyen los símbolos de status social, es decir, las "situaciones estamentales" que influyen en el individuo no sólo a nivel patrimonial o de consumo sino que influyen en la forma de privilegios [desarrollado en el Capítulo 3]. Entonces, aquí se podría reconocer una primera y temprana aproximación a lo que más tarde se denominó estilos de vida: aquel material más simbólico que material que agrupa a individuos en torno a comportamientos compartidos.

---

[5] En este sentido, según Featherstone (2000:160), el término *cultura* puede utilizarse bajo dos sentidos: la cultura en tanto modo de vida, desde una perspectiva antropológica; y cultura como arte, productos y experiencias culturales, desde un sentido de alta cultura. Según el autor, hubo un desdibujamiento de las fronteras que separaban ambos sentidos de la cultura, lo que llevó a la ampliación de fenómenos designados con ese término –precisamente, es a partir de esta idea que la investigación no hace distinción entre *estilo de vida* y *cultura*–.

Asimismo, los estilos de vida también pueden ser vistos como las *comunidades emocionales* de Marx y Weber, definidas como estructuras efímeras, cambiantes, de inscripción local, sin organización y cotidianas (Margulis y Urresti 1996:138).

Bajo el concepto *estructuras del sentir*, Raymond Williams ([1977]2000) designa *todo lo no dicho*, que produce acciones y que se percibe fenomenológicamente en la discursividad social de una época. Entonces, los estilos de vida podrían ser considerados un *cúmulo de sensaciones*. Asimismo, el concepto implica los giros culturales que se dan implícitos en cambios concretos, en transformaciones del tipo coyunturales. Williams (2000) plantea que es un error considerar las formas sociales como generalizaciones cuando, en realidad, se hallan sujetas a cambios constantes y a nuevas categorizaciones: las transformaciones materiales impactan en los valores y creencias de la sociedad. De este modo, ciertos cambios objetivos promueven determinadas transformaciones subjetivas.

El concepto de *comunidades interpretativas* de García Canclini (1996) podría asociarse con el concepto de estilos de vida. Según el autor las comunidades interpretativas son un conjunto de personas que comparten gustos y pactos de lectura de ciertos bienes simbólicos y que nuclean identidades compartidas con una fuerte valencia simbólica respecto al resto. También los estilos de vida pueden ser considerados como *comunidades de interés*, donde los sujetos imprimen su racionalidad y diversidad de saberes para las distintas identidades. "Comunidades de interés en donde se desarraigan en búsqueda de una mítica unidad de grupo, una actitud soberana ante la sociedad" (Canclini 1996:174).

Tomando como referencia a Ewen (1988:40), el estilo de vida posee una dimensión subjetiva en tanto forma de percepción y aspiración, no obstante su alcance no se limita al campo de la subjetividad sino que está profundamente vinculado con la estructura de la vida social, política y económica constituyendo una gran red de industrias implicadas.

Por su parte, Mafud (1985) señala que los estilos de vida pueden ser concebidos como subculturas que poseen un ethos propio impregnado de saberes mundo. Los estilos de vida, presentan, según el autor, procesos de socialización individualizantes que segmentan grupos a partir de una filosofía de "pertenecer a algo" implicando para cada grupo de interés un determinado conjunto de signos y prohibiciones fundadas en las industrias culturales. En la misma línea de pensamiento, Oropeza señala que los estilos de vida pueden ser entendidos "como un modo de soberanía de grupo surgido en el seno de los procesos de personalización de la sociedad actual que establecemos como sociedad del deseo" (2003:167). Los estilos de vida darían cuenta entonces de ciertos grupos que comparten un cierto episteme, un *saber-mundo* que los integra y diferencia de otros grupos sociales. Es decir, los signos del estilo de vida, desde un análisis semiótico, no comunican ni informan sino que son parte de ese *saber mundo* que recorta y hace pertenencia en el sistema sígnico de las marcas.

Featherstone (2000) rechaza concebir a los estilos de vida y al consumo que éstos implican como entes manipulables propios de la sociedad de masas, siendo posible encontrar al explorar en los estilos de vida contemporáneos cierto espacio lúdico y autónomo. Con esta idea, hace a un lado una concepción determinista del hecho y le otorga a la "elección" del estilo de vida un lugar central. Se trataría entonces de un proyecto de vida que el sujeto diseña y planifica.

En apariencia, la cultura de consumo actual parecería tener como intención la satisfacción de la individualidad. En este sentido, Featherstone propone atenuar esta concepción, al destacar que las diferencias deben necesariamente ser reconocidas y legitimadas socialmente, "la alteridad total, lo mismo que la individualidad total, corre el riego de

volverse irreconocible (2000:148)". A la vez propone examinar los procesos sociales que estructuran el gusto en los
bienes de consumo y estilos de vida planteando el interrogante de si la preocupación por el estilo y la individualidad
refleja las predisposiciones de una fracción de clase que está
interesada en legitimar su propia constelación de gustos
como los gustos de *lo social*, más que como lo verdaderamente social en sí mismo.

No obstante, los diferentes estilos de vida exceden el
aspecto individualista, requiere además de cierta cuota de
empatía poniendo énfasis en lo afectivo. Se trata entonces,
de un nuevo paradigma estético en el cual los individuos
se agrupan temporalmente conformando lo que Maffesoli
(1988) dio en llamar *tribus posmodernas*.

Por otro lado, el concepto de *habitus* de Bourdieu resulta fundamental y su uso es recurrente en esta investigación
ya que tiene una conexión directa con el concepto de estilo
de vida. Es preciso recordar que el habitus es el proceso por
el cual lo social es interiorizado por el individuo estructu-
rando su vida cotidiana. De modo que las disposiciones del
habitus se vuelven acto en las prácticas asegurando su constante reproducción. El habitus es un "sistema de disposiciones compartido por todos los individuos que son productos
de los mismos condicionamientos" (Bourdieu 1991:437). En
este aspecto, abordar a los estilos de vida supone entender-
los desde la relación que se da entre las propiedades que
dan cuenta de las condiciones de su existencia; es decir,
el vínculo entre los capitales económico, cultural, social y
simbólico.[6] La estructura de relaciones de estos cuatro tipos
de capital en función de la posesión o no de los mismos,
ubica a los actores en el *espacio social* y les permite desarrollar un habitus compartido entre quienes tengan la misma

---

6   El capital económico implica recursos materiales disponibles, el capital cul-
    tural está ligado al conocimiento, el capital social a la red o círculo de rela-
    ciones y el simbólico es un plus de prestigio, legitimidad, autoridad y reco-
    nocimiento a los otros capitales.

estructura de relaciones de capitales específicos caracteri-
zándolos en relación de otros grupos en la sociedad. En
otras palabras, el habitus, "lo social hecho cuerpo", nuclea a
los agentes en su lucha por el espacio social: es un sistema
de esquemas de producción de prácticas y un sistema de
esquemas de percepción y apreciación de las prácticas. El
habitus produce prácticas y representaciones disponibles
para la clasificación.

Los estilos de vida y la cultura de consumo. Douglas
e Isherwood (1990) sostienen que el consumo es una lucha
activa destinada a definir no lo que uno *es* sino lo que uno
no es. A propósito, Simmel (2002) destaca que los estilos
de vida cumplen una doble función. En su análisis de la
moda distinguía la articulación entre pertenencia y distinción, incluyéndose al *nosotros* y excluyendo un "otros".

El estilo de vida denota en la cultura de consumo –en
tanto, estructuración de los bienes que se consumen– individualidad, expresión personal y autoconciencia estilística.
Así, la expresión corporal y el habla de los sujetos son fundamentales para el análisis de los estilos de vida. La vestimenta, las actividades de tiempo libre, aquello que se bebe y
come, la casa y el auto que se posee, los destinos turísticos y
vacacionales, pueden considerarse indicadores del sentido
individual del gusto y el carácter del estilo del propietario
o consumidor. Los estilos de vida y el consumo implican
cierta autonomía que va más allá de la determinación y la
manipulación de la sociedad de masas tratándose más bien
de un proceso individual y electivo.

Featherstone (1987; 2000) propone abordar la cultura
de consumo desde dos perspectivas. En principio, el análisis de la *dimensión cultural de la economía*. Se trata de la
utilización de los bienes como comunicadores aceptándose
la idea de que son verdaderos signos que indican e informan, más que simples bienes funcionales. Aquí se destaca
el rol simbólico y no utilitario del bien que se consume. Y
la segunda perspectiva de la cultura de consumo se centra
en los *principios de oferta y demanda del mercado*, es decir, los

patrones que lo rigen tales como competencia, monopoliza-ción, acumulación de capital, etc. insertos en los diferentes estilos de vida. Entonces, se trata de cierta interrelación entre el aspecto cultural y económico –de ningún modo determinista–, es decir, los bienes no poseen solamente un valor de uso y cambio relacionados con un sistema fijo de necesidades humanas, sino que desde una perspectiva antropológica los bienes materiales, su producción, inter-cambio y consumo están insertos en una matriz cultural –y sólo a partir de ella es posible comprender al consumo–.

Por su parte, Baudrillard (1997) asegura que la pro-ducción en masa conlleva a la obliteración del valor de uso natural y original de las mercancías a causa del predominio del valor de cambio, haciendo que la mercancía se trans-forme en un signo inmerso en un sistema autorreferencial de significantes. En este sentido, el consumo no debiera ser entendido como consumo de valores de uso en función de cierta utilidad material, sino como un verdadero consumo de signos: Baudrillard rechaza al referente y lo sustituye por un campo inestable de significantes.

En términos generales para el neomarxismo, el predo-minio de la mercancía como signo en la reproducción del sistema capitalista es fundamental; particularmente, Jame-son (1991; 2002) indica que la cultura es central en la socie-dad de consumo y que la sociedad contemporánea está satu-rada de signos e imágenes.

Perspectivas posibles sobre la cultura de consu-mo. Desde las Ciencias Sociales, podrían rescatarse tres perspectivas con las cuales abordar a la *cultura de consu-mo*. En primer lugar, considerando la expansión de la pro-ducción capitalista de mercancías, el individuo satisface sus necesidades a través de una gama creciente de bienes. Detrás de esta expansión de la producción, para el neomar-xismo, se esconde el interés por controlar a una sociedad de consumo cada vez más manipulable. En esta línea de pensamiento, Adorno y Horkheimer ([1944; 1947] 2002) sostienen que es propio de la *industria cultural* el interés por someter a las masas a la lógica de la producción y el mercado, prometiéndoles felicidad y plenitud. De este modo, la sociedad se encontraría atomizada y alienada, y tendiente a homogeneizarse.[7]

La segunda perspectiva posible para interpretar la cultura de consumo focaliza en los modos de consumo entendiéndolos siempre culturales en tanto aspecto simbólico. En este sentido, los bienes que se consumen distinguen, hablan del portador. En esta línea de pensamiento, Bourdieu (2006) sostiene que "el gusto clasifica, y clasifica al clasificador"; es decir, las preferencias y los gustos, lo que se elige y consume, comunican sobre el consumidor. A partir de las prácticas y patrones de consumo puede evidenciarse el estilo de vida que el sujeto cultiva. Así el estatus depende de la exhibición y la satisfacción proviene del reconocimiento de los *otros*. Se trata a la cultura de consumo como economías de prestigio, en la que bienes escasos requieren para su obtención tiempo, dinero y conocimiento.

Y la tercera perspectiva se centra en los placeres y emociones que el consumo despierta. En este sentido, se hace hincapié en la imaginería, en los sueños y deseos que el consumo evoca. Según Featherstone (2000), la cultura consumista suscita distintas maneras de excitación corporal directa y placeres estéticos. Se trata de las fantasías que los bienes simbólicos generan en el consumidor.

La construcción de la identidad social. Durante la modernidad, vivir según estándares heredados hacía que un individuo perteneciera a determinada clase social. Sin embargo, la modernidad tardía le asignó al individuo la tarea de su autoconstrucción. Se trata entonces de cierta responsabilidad encomendada en tanto elaboración de la propia identidad.

---

[7] Si bien la Escuela de Frankfurt se empeñó por demostrar que la industria cultural socava la expresión individual, la teoría crítica no explica las prácticas y tendencias de consumo.

La responsabilidad del individuo –antes limitada a respetar las fronteras entre ser un noble, un comerciante, un soldado mercenario, un artesano, un campesino arrendatario o un peón rural– se ampliaba hasta llegar a la elección misma de una posición social, y el derecho de que esa posición fuera reconocida y aprobada por la sociedad (Bauman 2003:49).

Inicialmente fue *el trabajo* la principal herramienta para la construcción del propio destino, y una vez elegida, la identidad social acompañaba al individuo para siempre. Sin embargo, el lema de los nuevos tiempos es *flexibilidad*. El autor hace foco en el término *flexibilidad*, porque considera que cualquiera fuese la identidad que se busque y desee, ésta deberá tener el "don de la flexibilidad", es necesario que pueda cambiársela a corto plazo. Es decir, las identidades de la modernidad tardía son, para Bauman, temporarias y efímeras, y su construcción exige el consumo. Y en este sentido indica: "los caminos para llegar a la propia identidad, a ocupar un lugar en la sociedad humana y a vivir una vida que se reconozca como significativa exigen visitas diarias al mercado" (Bauman 2002:48).

La sociedad de consumo de la modernidad tardía exalta los valores democráticos en tanto fomenta la libertad de elección en función de un abanico de opciones que lejos de agotarse se incrementa constantemente. Por su parte, Lipovetsky (1996) relaciona a los estilos de vida propios de la posmodernidad como inmersos en una sociedad del *look*, una sociedad tolerante con la desigualdad pero jamás con la prohibición del deseo. El autor da cuenta del paso de ideologías coercitivas a ideologías seductivas, donde la democracia se impone como discurso en un sistema que idolatra a las elecciones. Según este planteo, la democracia resultaría funcional a cierta 'hegemonía seductiva y no represiva, protegida por el discurso de la autonomía de elección en el mercado. De esta forma el sistema democrático favorece a la aceptación y respeto por los diferentes estilos de vida otorgándoles una autonomía inédita. Se evidencia entonces, una imposición sistemática de productos y marcas, una realización para el objeto en el espectáculo de las elecciones del mercado. Es el "ser alguien con algo, sentir un estilo". Lipovetsky refiere a la seducción que ejerce el mercado a través de la pauta publicitaria, no entre clases sino entre estilos de vida. En otras palabras: "el fenómeno produce una impronta de reflexividad de los sujetos ante el sistema de marcas, que los encierra socialmente en un universo de objetos-signos en la medida de las potencialidades del consumo" (Oropeza 2003:165).

En *La sociedad cortesana* (1982), Elías examina las estructuras habitacionales como espacios propios del orden social del *ancien régime*. En su obra analiza la sociedad de estamentos jerárquicos, en la cual la casa suponía la expresión de determinada posición en el espacio social y en la que los tipos de viviendas estaban tan diferenciados como sus propios moradores. Sin embargo, la sociedad de consumo de la modernidad tardía ofrece al sujeto un menú de opciones que delimitan ciertos estilos de vida a partir de los bienes que portan un plus simbólico, a diferencia de la sociedad cortesana de Elías en la cual cierto ethos estamental confería prestigio social. Es decir, el hecho de pertenecer a determinado estrato condicionaba la adquisición de ciertos bienes materiales; en la cultura de consumo posmoderna, los sujetos construyen su estilo de vida a partir de bienes y servicios que suponen gustos dominantes o de posición buscando distinción y pertenencia. Se evidencia entonces, cierta pérdida de identidad asignada a las clases sociales por la modernidad industrial. La clase social a la que se pertenece ya no confiere identidad sino que ese rol lo tienen ahora los estilos de vida.

Ya lo indicaba Daniel Bell (1994) al analizar a la sociedad posindustrial, que las sociedades actuales están definidas a partir de cierto estatus, en donde el prestigio social se obtiene a partir de la adquisición de ciertos bienes simbólicos.

Los estilos de vida imponen a los individuos cierta conciencia práctica basada en las reglas que impone una sociedad de consumidores que estimula la diferencia. Se trata, entonces, de una verdadera *sociedad de compradores* en donde las palabras moda y poder, estilos de vida y hegemonía resultan términos clave para dar cuenta de ella, y en la cual la realización personal está mediada por la adquisición de determinados bienes.

La adopción de determinado estilo de vida sugiere que las prácticas de consumo, la planificación, la compra y la exhibición de bienes y experiencias de consumo en la vida cotidiana, no pueden entenderse solamente mediante las ideas de valor de cambio y de cálculo racional instrumental.

> Las dimensiones instrumentales y expresivas no deberían verse como polaridades excluyentes (…) sino que puede concebírselas como un equilibrio producido por la cultura de consumo. Por consiguiente es posible hablar de un hedonismo calculador, un cálculo del efecto estilístico y una economía emocional, por una parte, y de una estetización de la dimensión racional, por la otra (Featherstone 2000: 147).

El hedonismo, relacionado con la creciente valoración estética y la búsqueda de emociones y experiencias, se fusiona con el cálculo racional–instrumental que tradicionalmente rigió cada compra, ahora cuidadosamente planificadas en función del estilo de vida adoptado.

La preocupación por el estilo de vida y la autoconciencia estilística hacen que el individuo no adopte cierto estilo de vida por tradición o hábito, sino que reflexivamente lo elija haciendo de su cotidianeidad un proyecto de vida. A través de la vestimenta, posesiones, y la utilización del tiempo libre, exhibe su individualidad haciendo alarde del estilo de vida que ha elegido. La preocupación por el estilo de vida se ha extendido más allá de los jóvenes opulentos; la publicidad de la cultura de consumo ha logrado que todos los individuos, cualquiera fuese su origen social o edad, encuentren un lugar para la autosuperación y la autoexpresión.

La búsqueda ávida de nuevas experiencias y placeres, ha excedido la juventud y el género alcanzando a hombres y mujeres mayores, en cuanto a la exploración de las opciones de vida que el mercado ofrece. (Featherstone 2000).

De este modo, los estilos de vida representan un claro proyecto reflexivo del sujeto contemporáneo; cristalizan el plan de vida que más que un legado sugieren elección y cálculo. El sujeto contemporáneo no acoge un estilo de vida irreflexivamente, sino que hace del estilo que adopta un propósito de vida, y en este sentido se habla de estetización de la vida cotidiana. El conjunto de elecciones del tipo qué comer, cómo vestirse, qué sitios frecuentar, cómo hacer uso de su tiempo libre, es decir, el estilo de vida adoptado, supone la autoconciencia del sujeto respecto a su plan de vida.

Los estilos de vida serían impensables en contextos tradicionales de acción: son propios de la etapa posindustrial en la cual los mecanismos de confianza descansan en sistemas abstractos y flexibles, permitiendo una infinidad de estilos de vida a partir de la combinación entre cultura objetiva y subjetiva. En síntesis, puede observarse cómo se aplica el proyecto reflexivo de Giddens y el "yo soy yo" de Beck, en la dimensión cognitiva de la reflexividad dando cuenta del peso otorgado al actor en la posmodernidad. Pero al mismo tiempo, y en un sentido más amplio, se evidencia la reflexividad estética de Lash (1997), en la cual el sujeto opta por determinado estilo de vida en función del prestigio social que éste puede aportarle: reflexiona a partir de la imagen y apariencia personal que proyecta a otros.

A partir de lo hasta aquí expuesto, se evidencia cómo el estilo de vida estaría alimentado desde dos fuentes: por un lado, la estetización de la realidad a partir del "triunfo del arte", y por otro lado, a partir de la dinámica del mercado y la necesidad del sistema capitalista de reproducirse a sí mismo mediante la búsqueda constante de nuevas modas, sensaciones y experiencias. En otra palabras, el interés por adoptar un estilo de vida debería ser entendido en función de la estetización de la realidad a partir de la saturación de información e imágenes, y además, a partir de la dinámica del capitalismo tardío que por la necesidad de reinventarse contribuye a la preponderancia del valor de cambio en detrimento del valor de uso haciendo de las mercancías un mero signo.

3

Representaciones y posiciones renovadas sociales

(…) el posmodernismo no debe entenderse sólo en el nivel del desarrollo de la lógica del capitalismo: es preciso estudiarlo concretamente en términos de la dinámica del cambio de los equilibrios de poder, las luchas competitivas y las interdependencias entre diversos grupos económicos. Esto significa que debemos indagar el papel de los productores, los transmisores y los difusores de las formas supuestamente nuevas de producción y de consumo culturales tanto fuera como dentro de la academia (Featherstone 2000:114).

Posiciones renovadas: nuevas clases medias e intermediarios culturales

Desde temprano, las Ciencias Sociales pensaron el concepto de *clase social*; particularmente dos de los reconocidos "padres fundadores" de la sociología moderna, Karl Marx y Max Weber, trabajaron el concepto. Por un lado, Marx desde el materialismo histórico define a las clases en términos estrictamente económicos, específicamente, en términos de poseedores y no poseedores de los medios de producción. Cabe señalar que el concepto *clases sociales* o *lucha de clases* no fue descubierta por Marx, él mismo lo reconoce en una carta a Weydemeyer fechada el 5 de marzo de 1852:

Mucho antes que yo, algunos historiadores burgueses habían expuesto ya el desarrollo histórico de esta lucha de clases y algunos economistas burgueses la anatomía de éstas. Lo que yo he aportado de nuevo ha sido demostrar: 1) que la existencia de las clases sólo va unida a determinadas fases históricas del desarrollo de la producción; 2) que la lucha de clases conduce, necesariamente a la dictadura del proletariado; 3) que esta misma dictadura no es de por sí más que el tránsito hacia la abolición de todas las clases y hacia una sociedad sin clases (...) (Marx y Engels 1972:56).[1]

Por su parte, Weber ([1922]1944) define las clases no sólo de acuerdo con la participación de los sujetos en el proceso económico. Además de las definiciones de clase existen las definiciones estamentales, no obstante, acuerda con Marx en que las clases dependen de su capacidad adquisitiva de las mercancías en cuanto a valor de uso y agrega la posesión de los medios de producción. Pero realiza su definición no sólo por medio de la "provisión de bienes" puesto que suma dos criterios más: la posición externa del sujeto y el destino personal del mismo. Sólo de esa manera se puede, según Weber, realizar una definición de clase.[2] De esta manera, posteriormente, varios de los teóricos de la estratificación admitirán la existencia de las clases sociales pero como una subdivisión parcial y regional de una estratificación más bien integral.

---

1 La colección de la correspondencia entre Marx y Engels se publicó por vez primera en alemán en 1934 a cargo del Instituto Marx-Engels-Lenin de Leningrado; y la segunda edición, ampliada, se realizó en inglés en 1936.

2 Una conclusión que se desprende del análisis sobre la estratificación social en Weber es que, al afirmarse la coexistencia de diversos órdenes de estratificación le resta importancia a la división en clases de la sociedad. A partir de la multiplicación de las jerarquías de poder, la división en clases no es más que una de las clasificaciones posibles, únicamente que concierne al nivel económico, de una estratificación más general que comprende otras dimensiones o niveles independientes. De modo que Weber sugiere el camino a gran parte de la sociología funcionalista, que a diferencia de la teoría marxista, acepta la presencia de grupos sociales paralelos y externos a las clases.

Al respecto y para ahondar en la cuestión, se recomienda el artículo de Duek e Inda (2006), "La teoría de la estratificación social de Weber: un análisis crítico" [disponible https://goo.gl/VIZZXS].

Sin duda, Bourdieu (1988; 1991; 2006) fue quien mejor concilió *estructura* y *acción* en su análisis de las clases sociales analizando a partir de ellas los distintos estilos de vida. Para diferenciar las clases sociales parte de la existencia de un espacio social formado por distintos campos –económico, cultural, social, simbólico– a los que corresponden respectivos capitales. Las clases resultan de la posición ocupada en el espacio social según los capitales que se posean en el presente y la herencia social. Dicha posición en el espacio social –fundamentalmente vinculada con la trayectoria familiar– constituye las condiciones sociales de existencia, que posibilitan distintos habitus, gustos, prácticas y estilos de vida. En síntesis, Bourdieu (1988) aporta el denominado *constructivismo estructuralista*. Despegándose de la tradición saussuriana y lévi-straussiana, por *estructuralista* refiere a que existen en el mundo social, no solamente en el sistema simbólico –lenguaje y mito, por ejemplo–, *estructuras objetivas* independientes de la consciencia y de la voluntad de los agentes, las cuales son capaces de orientar o de impedir sus prácticas y sus representaciones. En tanto, por *constructivismo* sugiere que existe una *génesis social* de una parte de los esquemas de percepción, de pensamiento y de acción que son constitutivos de aquello que llama *habitus*, y de otra parte de las estructuras sociales, y en particular de aquello que llama los *campos* y los grupos, especialmente de aquellos normalmente denominados clases sociales.[3]

Por su parte, Featherstone aclara que se dirige hacia una sociedad sin grupos de estatus fijos donde ya no cuenta la elección de vestimenta, casa o automóvil, al intentar ligarse a determinado grupo social. Sugiere que el fin del vínculo determinista entre sociedad y cultura, presagia el triunfo de la cultura dominante. El autor se pregunta si el gusto podría continuar siendo un indicador de la

---

[3] Al respecto y para ahondar en la cuestión, se recomienda el artículo de Álvarez Souza (1996), "El constructivismo estructuralista: La teoría de las clases sociales de Pierre Bourdieu" [disponible en https://goo.gl/Txqose].

estructura de clase (2000:143). En la misma línea de pensamiento, Williams (2001) ya habría destacado lo insignificante que resultarían los elementos de uniformidad sociales, tales como vestimenta, vivienda y tiempo libre, al intentar comprender la estructura de clases. Habría sido un pionero al indicar que las uniformidades se irían reduciendo poco a poco; la capacidad técnica de la industria moderna y la creciente fragmentación del mercado, ratifican su idea. El flujo cambiante de mercancías ofrecidas en el mercado complejiza la lectura del estatus del portador.

Una aclaración conceptual sobre la unidad de observación. Este trabajo recupera una postura conciliadora próxima a Bourdieu respecto de la estratificación social –y no hace distinción entre clases, capas o sectores medios–; asimismo toma los términos nueva burguesía y nueva pequeña burguesía como relativos a clase media emergente. Más bien identifica a este sector –su unidad de observación– como una *posición social renovada* que surge de los cambios en los procesos económicos y culturales a escala global. Esta investigación tampoco centra su atención en las transformaciones económicas en la Argentina de las últimas décadas, aunque reconoce que las políticas de los años noventa dinamizaron la economía de los sectores medios –renovando su posición a partir de la movilidad social, expansión ocupacional y fusión entre clases– y propiciaron la emergencia de nuevos estilos de vida –cuestión que sí importa en este estudio–, así como reconoce que la crisis de 2001 significó la pauperización de este sector.

Acerca de las posiciones renovadas. Como se indicó, de acuerdo con Bourdieu (1988) la ubicación de los sujetos en el espacio social viene dada fundamentalmente por la trayectoria familiar, aunque no sea partidario de las teorías de la movilidad social funcionalistas, que sirven como teorías legitimadoras del poder. Frente a ellas defiende la existencia de unas trayectorias de clase de las que resulta difícil escaparse, aunque acepta la existencia de desclasamientos, hacia arriba y abajo. Precisamente, en el capítulo

"La buena voluntad cultural" en *La distinción* (2006), Bourdieu clasifica a los sectores medios, que identifica como *pequeña burguesía,* en tres posiciones. La primera es la decadente o *dèclassè,* artesanos y pequeños comerciantes que sufrieron una reducción numérica en los últimos tiempos. La segunda posición la constituyen los *estables o móviles ascendentes,* empleados cuyo aumento fue moderado. Y la tercera posición, *nueva o renovada,* a la que denomina *nueva pequeña burguesía,* es un sector aún indeterminado o de difícil descripción que se encuentra en el polo cultural y nació de las recientes transformaciones económicas; es un sector asociado al estilo de vida y consumo material y cultural simbólico. Bourdieu centró su análisis en el modo en que los diferentes grupos luchan por alcanzar determinada posición dentro del espacio social. En su lucha por consolidar el dominio, la nueva burguesía encuentra que la nueva pequeña burguesía es su aliado natural económica y políticamente –unas alianza mediada por la producción y el consumo de signos–. Sucede que la nueva pequeña burguesía reconoce en la nueva burguesía la encarnación de su ideal humano, y colabora de forma entusiasta en la imposición de nuevas normas éticas y de las correspondientes necesidades. Ambos sectores comparten el "nueva" porque viajan por el espacio social, y abandonaron el rigorismo y ascetismo de la pequeña burguesía, promoviendo ahora normas de consumo más hedonistas y expresivas (Featherstone 2000:155).

Por otra parte, la nueva pequeña burguesía es considerada tanto consumidores como productores de bienes y servicios simbólicos. Como difusores de cierta imaginería, se los identifica con el nombre de *nuevos intermediarios culturales* que constituyen un grupo en expansión dedicado a la provisión de bienes y servicios simbólicos. A este grupo Bourdieu los llamó *nuevos intelectuales* por adoptar una actitud de aprendizaje respecto a la vida, y *mercaderes de necesidades* por impulsar el consumo a otros grupos que creen que ello los distingue del resto. Actúan como una correa de transmisión que impulsa hacia la carrera de consumo y la competencia mercantil a individuos que consideran que ello los distingue de los demás. Según Crompton (1994), los intermediarios culturales proporcionan los bienes y servicios que responden a las necesidades de consumo de la nueva burguesía centrada en una moral hedonista. Featherstone (2000) los denomina *productores económicos* o *culturales* según dónde se encuentre el capital. Como se indicó en capítulos precedentes, en el capitalismo tardío ya no se consumen productos sino signos, de modo que los miembros de la nueva pequeña burguesía se convierten en los productores de éstos, y en cierta medida, desplazan a los productores de mercancías del capitalismo organizado. (Lash y Urry 1997; Baudrillard 1997).

Los cambios en las interdependencias y el equilibrio entre especialistas económicos y simbólicos generaron la expansión de la clase media renovando su posición social tradicional. No sólo emergieron especialistas en producción y difusión simbólicas sino además una "potencial audiencia afín y sensible a la gama de bienes y experiencias culturales y simbólicas" (Featherstone 2000:73). La expansión de los nuevos intermediarios culturales implica la ampliación del abanico de bienes culturales legítimos y la caída de algunas de las tradicionales jerarquías simbólicas. En síntesis, podría sugerirse que este sector medio –posición social renovada– forma parte de una nueva elite transnacional que se aleja del tradicional paradigma estético-cultural de la gran burguesía, y ostenta un consumo global en signos y espacio transmitido por una red de servicios dirigida por los intermediarios culturales.

Legitimadores del buen gusto y la vida sana

Adaptarse a las continuamente cambiantes modas tecnológicas, adquirir disposiciones estéticas en torno a una nueva gama de bienes y servicios banales, cuidar el cuerpo y abonar a prácticas ligadas al enriquecimiento espiritual, ya sea como imposición del momento o simple estrategia de supervivencia, convierten al sujeto en un ser hiperocupado, para el que el trabajo trasciende la esfera corporativa para caer en el cultivo de sí mismo. Surge así una nueva gama de intermediarios culturales, *hacedores de gusto* que imponen o marcan tendencias sobre consumos y estilos de vida. La cultura del hedonismo, de la búsqueda del placer, resulta subsumida por la cultura del nuevo trabajo... (Arizaga 2004c:40).

Como se expresó en el Capítulo 2, el proyecto de estetización de la vida implica la exaltación del artista como héroe y la estilización de la vida como obra de arte (Featherstone 2000). Este proceso encontró resonancias en una audiencia que excede los círculos intelectuales y artísticos a causa de la expansión de grupos ocupacionales especializados en bienes simbólicos, que actuaron como productores y difusores, al mismo tiempo que como consumidores y público de bienes culturales. La creciente sensibilidad hacia la estética, el estilo, el estilo de vida y la exploración emocional en los nuevos sectores medios se desarrolla paralelamente al aumento de la cantidad de individuos que se dedican al arte o a la intermediación de éste: se trata de una reducción de la distancia entre las ocupaciones artísticas y el resto. Lejos de espantar a la burguesía, el arte se convierte en la visión estética de la misma Zukin (1998). Se trata entonces, de la profesionalización y democratización del arte vinculado tradicionalmente a sectores elitistas.

Los *nuevos creadores del gusto* –que se hallan en la constante exploración de nuevos bienes y de experiencias culturales– intervienen además en la producción de pedagogías populares. Educan otorgando guías del buen vivir de ciertos estilos de vida. Este sector alienta una inflación de los bienes culturales recurriendo a las tendencias artísticas e intelectuales en las que se inspiran. Este grupo adopta además una "actitud de aprendizaje respecto a la vida" (Bourdieu 2006:370). Fascinados por la identidad, presentación, apariencia, estilo de vida y búsqueda de nuevas experiencias, se resisten a códigos establecidos y se niegan a ser clasificados. Bourdieu (2006) asegura que buscan la distinción a través del cultivo del estilo de vida, una vida estilizada y distintiva; fomentan y transmiten dicho estilo de vida a audiencias más vastas coincidiendo con los intelectuales en la legitimación de nuevos ámbitos como el deporte, la moda, la música popular y la cultura popular como campos válidos del análisis intelectual. Los intermediarios culturales median entre la vida académica e intelectual y los medios de comunicación. Este sector manifiesta una veneración tan importante hacia el estilo de vida artístico e intelectual que deliberadamente inventan un arte de vivir en el que su cuerpo, la casa y el auto son vistos como una verdadera extensión de su persona, que deben estilizarse para expresar la *individualidad* del portador. Según Bourdieu, esa búsqueda de distinción por medio del cultivo del estilo de vida "pone a disposición de casi todas las poses distintivas, los juegos distintivos y otros signos externos de riquezas interiores que antes estaban reservadas a los intelectuales" (2006:371).

¿Cuáles son las ocupaciones de los intermediarios culturales? ¿A qué se dedican? La nueva clase media está conformada por gerentes, empleadores, científicos y técnicos; y a los intermediarios culturales se los asocia con la provisión de bienes y servicios simbólicos, comercialización, publicidad, relaciones públicas, medios de comunicación y profesiones asistenciales –consejeros, sexólogos y dietistas, entre otros–. Estas profesiones asistenciales poseen ciertas disposiciones y la sensibilidad necesaria para abrirse más a la exploración emocional, la experiencia estética y la estetización de la vida. De hecho, la estetización del cuerpo, señalada como propia del arte posmoderno, "requiere por fuerza un descontrol emocional, tanto para producirla cuanto para apreciarla" (Featherstone 2000:89).

De esta forma, la nueva pequeña burguesía está representada por ocupaciones que implican *presentación y representación*, y por todas las instituciones que proporcionan bienes y servicios simbólicos, producción y organización cultural. Estas ocupaciones incluyen la venta, las técnicas de compra-venta, la publicidad, la moda, la decoración, el periodismo, los medios de comunicación y la artesanía. También encierran las ocupaciones relacionadas con las regulaciones del cuerpo y el control de las emociones, como guías vocacionales, líderes juveniles, expertos en deportes y gimnasia, y profesionales casi médicos, como los especialistas en dietética, los psicoterapeutas, los consejeros matrimoniales y los fisioterapeutas.

Por su parte, Reich (1993) denomina a los nuevos intermediarios culturales "analistas simbólicos" que se diferencian de los tradicionales empleados de servicios del fordismo por no cobrar su salario en relación a las horas trabajadas sino que lo que se evalúa y paga es su destreza, creatividad, capacidad de inventiva y flexibilidad. Al igual que los servicios rutinarios, los simbólicos también pueden prestarse universalmente; sin embargo, no pueden ser estandarizados por ser justamente símbolos. Los analistas simbólicos son los ingenieros proyectistas y de sistemas, relacionistas públicos, publicistas, consultores, headhunters, entre otras ocupaciones; incluye además al ámbito de medios de comunicación e informática. Los analistas simbólicos se separan del resto de la sociedad conformando nuevas comunidades (Reich 1993)[4].

Desde una perspectiva más ligada a las características de las clases sociales en el marco de la nueva sociedad de consumo, y fundada en la abundancia y en el valor imperante de la mercancía, Crompton (1994) analiza los indicadores de los nuevos modos de ser de las clases sociales así como los estilos de vida que de ellas se derivan. Para este argumento, la autora retoma el aporte de Bourdieu (1988, 1991) quien define a la clase no en el espacio conceptual de la producción, sino el de las *relaciones sociales* en general. Al otorgarle un papel destacado a los factores culturales en la conformación de las luchas sociales, Crompton hace referencia al surgimiento de una nueva clase media, la cual

---

4   Para el autor, en estos servicios se halla concentrado el ingreso del capitalismo norteamericano de fin de siglo XX con proyección a futuro.

abarca una amplia variedad de grupos ocupacionales que sólo se distinguen por el hecho de que no son trabajadores manuales. Por lo tanto, entre ellos se incluyen empleados de bajo nivel del sector servicios, así como nuevos profesionales de ese mismo sector. El aumento, en términos generales, del empleo en este sector, refleja un cambio en la estructura de las posiciones de clase y también en el tipo de trabajo que realizan muchos individuos, que podrían ser considerados objetivamente y en términos ocupacionales, como pertenecientes a la clase obrera. Cada vez con más frecuencia los requisitos que se demandan a los trabajadores de los servicios se basan no sólo en el tipo de trabajo y en las capacidades técnicas, sino en cualidades sociales como la cordialidad y la persuasión. Por otra parte, cabe destacar que estas cualidades son consideradas tradicionalmente femeninas y por ello, las mujeres predominan en los empleos de servicios.

Featherstone (2000) asegura que la cultura posmoderna insta a replantear la relación entre *economía y cultura* haciendo foco en la figura de los especialistas culturales, los intermediarios y la audiencia expandida hacia un nuevo tipo de bienes culturales. De modo que la cultura de consumo light debiera ser pensada no solo por el incremento y la distribución de bienes culturales sino por el modo en que los bienes y prácticas culturales son mediados por el consumo progresivo de signos e imágenes. El rol que les cabe a los difusores de estos signos e imágenes del estilo de vida light es el de mediadores en tanto encargados de producir y diseminar el mensaje de "la vida sana".

Pensar en la categoría de intermediarios culturales supone adentrarse en la problemática planteada por Bourdieu acerca de quién juzga y quién consagra: "¿Es preciso admitir la opinión común según la cual esta tarea incumbe a ciertos *hombres de gusto*, predispuestos por la audacia o su autoridad a moldear el gusto de sus contemporáneos?" (1988a:153). Bourdieu agrega que se trata de taste makers o guías culturales que por poder político, institucional o

económico, imponen nuevas normas culturales, reivindi-
cando una legitimidad cultural en tanto pretensión de reconocimiento universal más allá de la posibilidad de reconocimiento de la regla (1988a:162).

Cabe destacar que, como se expuso anteriormente,
Bourdieu distingue a los móviles ascendentes de la nueva
pequeña burguesía según los capitales en juego. Mientras
el móvil culturalmente ascendente logra la movilidad por
medio de la educación formal, los económicamente móviles lo logran a través de dimensiones del tipo laboral. Este
hecho implica diferencias en los estilos de vida así como
luchas por la legitimidad. "En este sentido, los intermediarios culturales cumplen el rol de demarcación de legitimidad que tiene en cuenta esta distinción de capitales al
marcar estilos de vida" (Arizaga 2004a:58). Esta distinción a
partir de la composición de tipos de capitales más que una
objetiva posición en el espacio social, implica la voluntad
de distanciarse de los "imitadores" que por capital económico ganan espacio social, y al prescindir de capital cultural
sobrepasan los límites del gusto legítimo y caen en el efecto
escenográfico. Los mecanismos que las clases dominantes
establecen como defensa frente a la presión de los ascendentes, económicos especialmente, suelen orientarse a un
culto a la autenticidad, la cual suele tomar las formas de la
sencillez en oposición a la ostentación de los ascendentes
imitadores. "La legitimación de un gusto supone instancias
de distinción que son llevadas mejor por quienes detentan
un capital cultural y social. Esta capitalización garantiza
una seguridad de tipo ontológica que facilita el respeto al
culto de la autenticidad" (Arizaga 2004a:60). Existe entonces cierta tensión entre el *buen gusto* considerado como
gusto hegemónico, y el capital económico. La idea de *buen
gusto* estaría asociada entonces a un capital cultural que se
adquiere por herencia familiar y que resulta muy difícil
obtener con dinero.

A partir de lo expuesto, resultaría entonces necesario indagar la forma en que los intermediarios culturales articulan, transmiten y difunden las experiencias; y examinar cómo se incorporan en las prácticas cotidianas las pedagogías de estas *nuevas formas de sensibilidad*. De este modo, los intermediarios culturales desempeñan un papel de suma importancia en la educación del público en nuevos estilos y gustos. Inmersos en los estilos de vida light, los intermediarios culturales comunican qué comer y qué prácticas desarrollar. Sin embargo, se ha notado que no sólo son guías de acción contundentes sino que han desenvuelto cierta pedagogía que incluye el fundamento específico de aquello que señalan como hábitos sanos. Enseñan a las audiencias atraídas por el mensaje de la mejor calidad de vida, cómo deben alimentarse, cuáles son las propiedades de los alimentos y cuáles las ventajas de hacer actividad física. Cada vez incluyen más vocabulario específico del ámbito medicinal y científico, así las explicaciones se vuelven precisas y el cúmulo de información transmitida es mayor. La pedagogía empleada fomenta el consumo de bienes y servicios simbólicos a través de argumentos técnico–científicos haciéndolos aun más convincentes. Los difusores del buen vivir, dueños del capital cultural e instalados en los medios de comunicación son verdaderos propagadores del estilo de vida light, legitimando el culto a la vida sana y transmitiendo el mensaje de calidad de vida mediada por hábitos saludables [desarrollado en el Capítulo 4].

Las representaciones sociales

La *teoría de las representaciones sociales* forma parte de una corriente que emerge en los años sesenta en Francia en un intento por rescatar *lo social* de la Psicología Social. Esta teoría se centra en el estudio del conocimiento como construcción social que se integra al sentido común en una sociedad. Hace énfasis en la participación activa y creativa de los grupos en la interpretación de la realidad, en su construcción y cambio constante.

> (…) las representaciones sociales pueden ser entendidas como formas de pensamiento de sentido común, socialmente elaboradas y compartidas, que les permiten a los individuos interpretar y entender su realidad, orientar y justificar los comportamientos de los grupos. Son construidas en los procesos de interacción y comunicación social, en las conversaciones de la vida diaria y al mismo tiempo guían y dan forma a los procesos de intercambio y comunicación (León 2002:369).

Jodelet (1993) definió la *representación social* como un acto de pensamiento por medio del cual un sujeto se relaciona con un objeto, ‹este último puede ser otra persona, una idea o un hecho social. A través de ciertas operaciones mentales ese objeto es reemplazado por un símbolo que lo hace presente cuando el objeto está ausente. Así, el objeto queda representado simbólicamente en la mente del individuo. Para Jodelet la representación social no es una simple reproducción de objetos sino más bien se trata de una construcción por medio de la cual los individuos interpretan la realidad dejando cristalizados sus valores. Al interpretar esa realidad, no se la reproduce sino que se la construye. El autor considera que la noción de representación social involucra tanto el aspecto psicológico o cognitivo y social, fundamentando que el conocimiento se constituye a partir de las experiencias propias de cada sujeto y de las informaciones y modelos de pensamiento que el éste recibe a través de la sociedad. Vistas desde este ángulo, las representaciones sociales surgen como un proceso de elaboración mental e individual en el que se toma en cuenta la historia de la persona, su experiencia y construcciones personales propiamente cognitivas.

> La representación social es un sistema cognitivo que tiene
> una lógica y un lenguaje particular (...) Son teorías, ciencias
> sui generis, destinadas al descubrimiento de lo real y a su
> ordenamiento que permiten a los individuos orientarse en el
> entorno social, material y dominarlo (Jodelet 1993:36).

Resulta importante mencionar que la aprehensión de
la realidad se construye a partir de la propia experiencia de
los sujetos pero a la vez en la interacción que establece con
otros, por lo que puede decirse que el conocimiento que se
adquiere en este proceso es construido y también compartido socialmente. En esta afirmación se evidencia que en el
sujeto influye lo que la sociedad le transmite a través del
conocimiento elaborado colectivamente y que esto incide
en cómo se explica la realidad a sí mismo y como actúa.

Ante lo expuesto, cabría destacar que la teoría de la
representación social, comparte con las corrientes inter-
accionistas la noción de que el tipo de conocimiento no
científico que surge espontáneamente en la sociedad es fundamental para la configuración de la vida social, ya que
es un conocimiento que genera *realidad*. Por su parte, Berger y Luckmann (2001) analizaron la vida cotidiana como
realidad social aprehendida y ordenada. Para los autores
es realidad intersubjetiva en tanto es una construcción que
surge en la interacción diaria entre los sujetos. La realidad
tal y como es fundada se le presenta al sujeto ya objetiva-
da y simbólica. Los autores utilizan el concepto de *acopio
social* para dar cuenta del cúmulo de conocimiento que es
transmitido de generación en generación y que le permite
al sujeto ubicarse espacial y temporalmente proporcionán-
dole esquemas tipificadotes.[5] El conocimiento de la vida

---

5   De acuerdo con Berger y Luckmann, la realidad de la vida cotidiana contie-
    ne esquemas tipificadotes que permiten aprehender a los *otros* en encuen-
    tros *cara a cara*. Las tipificaciones son valederas hasta ser reemplazadas por
    nuevos esquemas; son siempre recíprocas y determinan los actos de los suje-
    tos en sociedad.

cotidiana está estructurado en función de relevancias, es decir, por intereses pragmáticos e inmediatos y por la situación dentro de la sociedad que tiene efectos coercitivos.

Jodelet coincide con esta noción cuando señala: "éste es un tipo de conocimiento social, ya que es una forma de conocimiento, socialmente elaborado y compartido, teniendo una intención práctica y convergiendo a la construcción de una realidad común a todo un grupo social" (1993:36). *Lo social* se puede interpretar de varias maneras, por medio del contexto concreto en que se sitúan los individuos, por la comunicación que se establece entre ellos, y por los marcos de aprehensión de valores, culturas, códigos e ideologías relacionadas con el contexto social en que se encuentran inmersos. Vistas de esta forma, las representaciones sociales se relacionan de manera directa y exclusivamente con el *sentido común* de los individuos, debido a que son parte de la propia realidad de los seres humanos [vale aclarar que el sentido común es el *acopio social* en Berger y Luckmann]. Asimismo, al ser un producto social, el conocimiento generado es compartido colectivamente incluyéndose en la cultura de una sociedad.

Por su parte, Cornelius Castoriadis (2002) introduce el concepto de *imaginarios culturales,* que define como magmas de significación social, como almacenes de significación común desde los que nos representamos y valorizamos el entorno próximo y en torno a los cuales la sociedad organiza su producción de sentido y su identidad. Precisamente, destacando el aspecto cultural de las representaciones sociales, Moscovici (1993) sostiene que las mismas no solo están en las mentes de los sujetos sino que se halla en la cultura, circulando en la sociedad. Para el autor, además las representaciones dependen en gran medida de "los compromisos anteriores del observador con un sistema conceptual, una ideología y un punto de vista" que el sujeto posea previamente. Se trata entonces de formas de interpretación del mundo, compartidas por todos los miembros de un grupo en un contexto dado. En este proceso, que podría decirse que es a la vez cultural, cognitivo y afectivo, entra en juego la cultura general de la sociedad pero también la cultura especifica en la cual se insertan los individuos, que, en el momento de la construcción de las representaciones sociales se combinan. Lo dicho indica que todo individuo forma parte de una sociedad, con una historia y un bagaje cultural, pero a la vez pertenece a una parcela de la sociedad en donde comparte con otras ideologías, normas, valores e intereses comunes que de alguna manera los distingue como grupo de otros sectores sociales.

Por otro lado, la realidad social involucra un proceso permanente de construcción y reconstrucción, lo que da cuenta de cierto dinamismo en ellas. Según Maru León, a pesar de tener una naturaleza convencional y prescriptiva, las representaciones sociales son dinámicas porque las percepciones de los individuos acerca del mundo, concepciones, comunicaciones y acciones están continuamente cambiando con el desenvolvimiento en sociedad (2002:373). Para León, quien retoma a Moscovici, los medios de comunicación de masas juegan un rol preponderante en la construcción, modificación y reforzamiento de las representaciones sociales. Éstas circulan en los libros, las revistas, los periódicos, y la televisión (2002:369). A partir de lo expuesto, podría sugerirse que los medios de comunicación son el vehículo por el que las creencias y valores de la sociedad se desplazan y son un elemento clave en el dinamismo de las representaciones sociales.

En síntesis, las representaciones sociales se gestan en la vida cotidiana y el conocimiento que se obtiene por medio de éstas, se refiere a los temas de conversación cotidiana. No representan simplemente opiniones "acerca de", "imágenes de" o "actitudes hacia", sino teorías o ramas del conocimiento para el descubrimiento y organización de la realidad. Son un sistema de valores, ideas y prácticas con una doble función: primero, establecer un orden que permita a los individuos orientarse ellos mismos y manejar su mundo material y social; y segundo, permitir que tenga lugar la comunicación entre los miembros de una comunidad, proyectándoles un código para nombrar y clasificar los aspectos de su mundo y de su historia individual y grupal. Los principales aspectos a destacar a propósito de las representaciones sociales:

- Están siempre referidas a un objeto. No hay representación en abstracto. La representación para ser social, siempre es representación de algo.
- Mantienen una relación de simbolización e interpretación con los objetos. Resultan por tanto de una actividad constructora de la realidad (simbolización) y también de una actividad expresiva (interpretación).
- Adquieren forma de modelos que se superponen a los objetos, los hace visibles y legibles, e implican elementos lingüísticos, conductuales o materiales. Tiene un carácter de imagen y la propiedad de poder intercambiar lo sensible y la idea, la percepción y el concepto.
- Son una forma de conocimiento práctico, que conducen a preguntarse por los marcos sociales de su génesis y por su función social en la relación con los otros en la vida cotidiana.
- Poseen un carácter constructivo, autónomo y creativo.

En síntesis, las imágenes, creencias y valores que circulan en la cultura –para esta investigación, light– son entendidas como un conjunto de *representaciones sociales* que el sujeto mantiene presentes en su mente como una suerte de guías de acción que ordenan y prescriben su comportamiento. Como quedó expuesto, las representaciones sociales involucran al conjunto de formas de pensamiento y de sentido común que son construidas en los procesos de interacción y comunicación social. Éstas poseen una naturaleza dinámica y permiten a los individuos interpretar la realidad orientando y justificando su propio comportamiento. Se trata entonces de una cultura internalizada y compartida por una comunidad, que guía la acción de los miembros del grupo. A partir de lo dicho, ¿cuáles son las imágenes y creencias que sostienen a las prácticas saludables?, ¿cuáles son los valores e ideales del sujeto que evidencia un estilo de vida light? Y asimismo, ¿de qué modo la publicidad interpreta, promueve y vehiculiza dichas representaciones?

En el próximo capítulo, se presenta una serie de imágenes en torno al estilo de vida light que surgieron durante el trabajo de campo. Los grupos focales y las entrevistas a informantes clave proporcionaron una sucesión de ideas que son transcritas al tiempo que se articulan con la recopilación de material gráfico y audiovisual; los datos empíricos siempre son interpretados a la luz del marco teórico de esta investigación.

4

Imágenes, creencias y valores en la cultura light

(...) se le deben al cuerpo cuidado y atención, y si se descuida esa obligación, habría que sentirse culpable y avergonzado. Las imperfecciones de mi cuerpo son mi culpa y mi vergüenza. Pero la redención de los pecados sólo está –y exclusivamente– en las manos del pecador (Bauman 2002:73).

De acuerdo con el relevamiento y posterior interpretación de datos cualitativos, se destacan cuatro ideas fundamentales que expresan la imaginería light manifiesta en prácticas específicas, a saber:

1. Calidad de vida, cuidado de la salud y estar en forma
2. Disciplina: voluntad, autocontrol y responsabilidad
3. Hábitos saludables sin sacrificios
4. Retrasar el envejecimiento

Calidad de vida, cuidado de la salud y estar en forma

El mercado de consumo light evidencia cierta oferta y demanda de dimensiones simbólicas fundadas en valores posmateriales y materializadas a partir de la noción de "calidad de vida" y "vida saludable". Estos valores simbólicos están cimentados en la nueva economía de signos desde la dimensión estética de la modernidad reflexiva (Lash y Urry 1998). Por su parte, Bell (1977) analiza esta idea como una contradicción cultural del capitalismo en la que el hedonismo socava y pone en jaque a la lógica del sistema mismo; sin embargo, Lash (1990) contrasta esta idea con la figura del *yuppie* posmoderno, narcisista y al mismo tiempo adicto al trabajo. A pesar de esta aparente contraposición de ideas entre ambos autores, este trabajo evidencia que el sujeto posmoderno resignifica el concepto de calidad de vida: revaloriza su salud en el marco de estilización de la vida cotidiana, y concreta consumos efectivos a partir de las representaciones sociales de la cultura light.

En este culto a la vida saludable, los excesos son el mal que debe evitarse. Se trata de desproporciones del tipo: fumar, beber alcohol, comer "comida chatarra" y el sedentarismo. El estilo de vida light enrola una serie de hábitos que se expresan en el "deber ser" cotidiano en donde la moderación es el patrón de conducta que rige a los sujetos. Se debe comer bien y respetar los horarios, no fumar, no excederse con el alcohol y hacer actividad física; éstos resultan ser los pilares de este "sano estilo de vida". A propósito, en los grupos focales surgieron las siguientes ideas:

Moderadora: –¿Qué les sugiere la siguiente frase: "La calidad de vida se asocia con el tratamiento y la prevención de enfermedades?"

–Calidad de vida es preocuparse por uno mismo, por sentirse bien, con pilas.... ¡estar up! Y bueno, eso te lo da justamente ver muy bien qué comes, a qué hora ¿no? Porque la gente muchas veces dice que come bien pero lo hace a cualquier hora o solo a la noche, no desayuna bien como debe ser. Bueno, y también moverse. Evitar el sedentarismo: correr, salir a caminar, andar en bici, cosas básicas. ¡O meterte en un gym! Manejar el estrés, también. Me parece que no es sólo lo físico sino también tu estado mental... o espiritual, como lo quieras llamar.

–Calidad de vida... y bueno, es tener un control sobre vos mismo. No excederte.

Moderadora:– ¿Cómo es eso de "no excederte"?

—Y los excesos me parece que arruinan al hombre, es no zarparte en las comidas, en las bebidas, no quedarte haciendo zapping todo el día tirado en un sillón, eso es no excederte. Controlarte, me parece que es la clave. (Grupo de mujeres de entre 25 y 35 años).

Lo difuso del término "calidad de vida", queda evidenciado en lo endeble de las palabras de quienes intentaron definir lo que se les preguntaba. Resulta un concepto que tiende a masificarse en boca de quienes hacen uso del vocablo sin saber exactamente a qué se hace alusión. El siguiente es un extracto de la entrevista realizada a un informante clave:

Preparador físico e instructor de yoga:– Eh... la calidad de vida es... la salud es importantísima... pero también es importante el bienestar social, la relajación... el cuidado... otros aspectos de la vida que no tienen que ver con la salud. Si la salud abarca muchas cosas... depende qué pensemos que es salud, pero la calidad de vida implica más... la forma en que definamos salud, si es el equilibrio psicofísico y también social, bueno sí... la calidad de vida es la salud.

En *Modernidad líquida* (2002) Bauman traza una línea divisoria entre modernidad y posmodernidad, según la sociedad sea de productores o consumidores. En la sociedad de productores se establecía un estándar de salud que todos sus miembros debían alcanzar; sin embargo, en la sociedad de consumidores se insta alcanzar un ideal de "estar en forma". Bauman indica que ambos términos suelen usarse como sinónimos, no obstante, aluden a ideas diferentes. En el caso de "salud", es un concepto normativo, propio de la sociedad de productores y que traza el límite entre *lo normal* y *lo anormal*. La salud es un estado correcto, deseable y concreto, consigue describírselo y evaluárselo con precisión. Se trata de una condición física y psíquica que permite satisfacer las exigencias de la sociedad. La salud le permite al individuo responder al rol que le fue encomendado: "Estar sano significa en la mayoría de los casos ser empleable: estar en condiciones de desempeñarse adecuadamente en una fábrica, llevar la carga del trabajo que rutinariamente pondrá a prueba la tolerancia física y psíquica del empleado" (Bauman 2002:83). Sin embargo, "estar en forma" es un estado que no puede ser definido con exactitud. Para Bauman, la prueba de que un individuo se encuentra en forma, está siempre circunscripta en el futuro e implicaría tener un cuerpo flexible y adaptable. Y mientras "salud" sugiere un estándar a alcanzar, llegar a cierto equilibrio, "estar en forma" indica un "potencial en expansión", no mesurable e ilimitado.

> Estar en forma significa estar preparado para absorber lo inusual, lo no rutinario, lo extraordinario, y sobre todo lo novedoso y sorprendente. Se podría decir que si la salud significa apegarse a la norma, estar en forma se refiere a la capacidad de romper todas las normas y dejar atrás cualquier estándar previamente alcanzado (Bauman 2002:84).

Ante lo expuesto queda en evidencia que "estar en forma" es una experiencia subjetiva, en tanto la vive y siente sólo el individuo, no es un estado que pueda ser observado y juzgado por otro. Al mismo tiempo, el cuidado de la salud posee una meta concreta que el estar en forma no posee. Los fines que persigue quien se esmera en el estado o apariencia de su cuerpo implican esfuerzos importantes cuya satisfacción sería sólo momentánea. Los éxitos son parciales y la meta inalcanzable.

Por otra parte, Bauman asegura que lo que ayer se consideraba normal, hoy puede ser indicado patológico y proclive a la intervención médica, de ahí la proliferación de terapias. Además, la idea de "enfermedad" antes estaba claramente circunscripta, mientras hoy esa palabra se vuelve vaga y brumosa (2002:84). En vez de ser un acontecimiento excepcional, la enfermedad suele verse como la contracara de la salud, una constante amenaza que requiere vigilancia permanente. De modo que el cuidado de la salud se transforma en un modo de vida que incluiría el combate constante contra la enfermedad: un estilo de vida saludable. De esta manera, el cuidado de la salud se vuelve similar al esfuerzo por estar en forma, tan insatisfactorio y subjetivo como la apariencia e imagen que se cultiva.

Una de las pautas que tuvieron los grupos focales y las entrevistas a informantes clave fue pedirles que definieran ambos conceptos. Se les solicitó que contaran qué les sugería los términos "cuidar la salud" y "estar en forma". Todos pudieron establecer diferencias entre uno y otro. En general tendieron a relacionar el cuidado de la salud con la preocupación por el bienestar orgánico, y "estar en forma" fue asociado con la apariencia física, con la imagen personal. A propósito, los siguientes extractos surgieron en los grupos focales femeninos:

–¿Cuidar la salud? Y... preocuparse por uno, por su bienestar... ¿no? Eh... y "estar en forma", también... o parecido, ¿no? Me parece que tiene más que ver con la silueta. Yo pienso que ambas cosas son importantes... o que una lleva a la otra. Porque si te ponés a pensar, un gordo no va a gozar de buena salud, ¿no? Está siempre al borde de sufrir ataques cardíacos o hipertensión, o algo de eso, así que ser más o menos delgado es una forma de cuidarse la salud.

–"Cuidar la salud" es cuidarte el organismo, no tomar de más, no fumar; y "estar en forma", por ahí tiene más que ver con la imagen.

Moderadora: –¿Te preocupa tu imagen?

–Sí, bastante. La verdad es que sí. Me fijo cómo estoy... la ropa... eh, el pelo... todo. Sí, lo admito, me preocupa.

–Y... Cuidar la salud, es estar a atento a tu cuerpo, a qué le pasa... ir al médico al mínimo llamado de atención, y por otra parte, evitar ir al médico, ¿no? Si te cuidás lo suficiente lo más seguro es que ni tengas que ir. Y "estar en forma", bueno las mujeres sobre todo estamos más preocupadas por eso. O por lo menos, más pendientes.

Moderadora: – *¿Por qué lo decís?*

–*Y porque estamos muy al tanto de cómo estar físicamente, hay como cierta exigencia que han tenido las mujeres desde siempre con respecto a su cuerpo, ¿no?* (Grupo de mujeres de entre 25 y 35 años).

–*Bueno, "cuidar la salud" no significa "estar en forma" porque "estar en forma" es ir al gimnasio, hacer gimnasia... y estar todo musculoso... las mujeres delgadas... tener las medias ideales y por ahí la salud no está tan buena, digamos que... Lo ideal sería entonces estar en forma y cuidarse la salud. Entonces, cuidarse la salud es comer sano aunque no tengas una línea perfecta.*

–*Sí, "estar en forma" lo logras con dietas más como equilibradas... "cuidarte la salud" es tener cuidado con lo perjudicial para tu organismo.* (Grupo de mujeres de entre 36 y 45 años).

Cuando se le solicitó al profesor de educación física que diferenciase ambos términos, le dio a "cuidar la salud" una connotación espiritual donde el equilibrio mente-cuerpo parecería ser fundamental; y "estar en forma" fue asociado a una buena alimentación y al desempeño de actividad física cuyos resultados se reflejan siempre en lo corpóreo.

Profesor de educación física: –*Cuidar la salud es... yo hace mucho hice taekwondo, y dentro del taekwondo, había algo que siempre me quedó: para poder estar bien afuera, hay que primero estar bien por dentro; que los cambios se realizan siempre por adentro para llegar al afuera... justamente hay que tener una interacción entre el adentro y el afuera. Estar bien de acá, de acá... Mente, corazón- espíritu- alma y cuerpo. Tener eh... ese equilibrio, que es muy, muy complicado. Porque la vida te va llevando a hacer ciertas cosas.... Como dedicarle mucho tiempo al trabajo y olvidarte de comer bien, comer rápido, a las apuradas, y se descuida la parte espiritual. "Cuidar la salud" es cuidarse de adentro hacia fuera. Es tener la mente tranquila, el alma en paz, y el cuerpo en armonía. Y después "estar en forma" sería algo más cotidiano, una buena alimentación, un buen descanso y un buen entrenamiento. La calidad de vida es el concepto de estar en forma y cuidarse el cuerpo.*

Entrevistadora:– La persona, entonces que logra un equilibrio entre ambos conceptos...

Profesor de educación física: –Tiene una buena calidad de vida.

El profesor de educación física asocia el cuidado de la salud con un sentido más abstracto en donde la armonía orgánica es tan importante como la psíquica, ubicando en lugar trivial pero no menos importante el estar en forma. Por su parte, la instructora de yoga, desde un lugar místico aseguró:

Instructora de Hatha Yoga: –"Cuidar la salud" es incorporar una dieta sana, las respiraciones –la gente no sabe respirar– hacer ejercicios apropiados pero no matarse. Hay gente que está muy avanzada pero por competición, por ese ego que tenemos todos, quieren hacer igual o mejor que el otro. Tenés que ver lo que te pasa por dentro. Eh... por ejemplo, escuchar buena música, leer buenas lecturas, buscar información. Creo que eso es cuidar la salud, saber qué es bueno para tu cuerpo y qué para tu mente. Tu mente está pegada a tu cuerpo. La alimentación, la respiración, caminar al aire libre, las buenas compañías también influyen. El baño, la limpieza de la lengua... yo voy tirando consejitos en mis clases. Cómo tenés que bañarte, de qué forma. Eso me lo decía mi profesor: el tiempo en el baño, el agua, la fibra esponja, el masaje en tu cuerpo después del baño... aromas, velitas, música, la respiración, la forma de airear el dormitorio.

A partir de este testimonio, podría aseverarse que se instala en la cultura del hedonismo una moral individualista y de recuperación del yo, que se mezcla con una psicologización creciente (Lipovetsky 1983). En rigor, la cultura hedonista es también una cultura "psi": un reencontrarse con los *otros* pero también con uno mismo, por medio del contacto con la naturaleza, entendida como vuelta a los orígenes y promotora de una cultura de la autoayuda y del "conócete a ti mismo" (Arizaga 2005:137). Por su parte, el discurso publicitario convoca a imaginarios formados en torno a estrategias de distinción e identificación, que implican una jugada valorativa hacia el intimismo versus la integración social ampliada, así como una mercantilización de los valores que construyen la idea de calidad de vida, señalada a partir de la naturaleza.

Por otro lado, en las sesiones de grupos focales se les pidió a los participantes que indicaran qué les sugería una frase leída. La intención fue formular una oración que tuviesen palabras que actuasen como disparador, del tipo "calidad de vida" y "prevención".

> *Moderadora: –¿Qué les sugiere la frase: "La calidad de vida se asocia con el tratamiento y la prevención de enfermedades."?*
> *–Calidad de vida... sería no tomar, no fumar, hacer deporte, ¿no?* (Grupo de varones de entre 25 y 35 años)

Si bien la manera en que definen las nociones "cuidar la salud" y "estar en forma" es tan confusa como "calidad de vida", se nota que los cuatro grupos pudieron diferenciarlos. En este sentido, se observa que el cuidado de la salud lo asocian a la preocupación por el organismo, la prevención de enfermedades, la alimentación y el deporte –lo llaman: una vida sana–. Mientras que el concepto de "estar en forma" lo relacionan con el estado físico, la imagen y la valoración estética de su cuerpo.

Finalmente, cabe señalar que las nociones "cuidado" y "calidad de vida" toman una dimensión democratizadora cuando el discurso publicitario hace hincapié en que estar sano y lucir saludable es un valor al alcance de todos. La democratización implica cierta carga simbólica que el concepto adquiere en las nuevas clases medias. Cuando el bien hecho signo aparece en los medios, es señal que el concepto es simbólico y se ha democratizado.

Disciplina: voluntad, autocontrol y responsabilidad

La *sociedad de riesgo* de Beck (1996; 1997) genera una nueva subjetividad: el *individuo con incertidumbre* (Sennett 2000). Tanto el sentimiento de inestabilidad como el de incertidumbre del sujeto posmoderno es fundamental en Sennett y también en Giddens, aunque hacen foco en cuestiones diferentes. Por su parte, Sennett analiza el impacto subjetivo que implicó el paso del fordismo al posfordismo generando un *individuo a la deriva*. El trabajador posfordista de Sennett es el integrante de la nueva clase media que analizan autores como Crompton (1994) y Lash (1990), actor paradigmático en la nueva economía que comienza en los ochenta y se expande durante los noventa. La subjetividad moderna implica cierta identidad firme y estable a partir de estructuras colectivas como los sindicatos, el estado asistencial, la burocracia gubernamental, el trabajo fordista y la clase social; esta identidad fue reemplaza por una nueva subjetividad condicionada por riesgos y oportunidades que demandan una identidad flexible y con iniciativas propias. Sin embargo, Giddens coloca su mirada en la autonomía que el desligarse de las estructuras tradicionales conlleva, y Sennett se centra en el coste psicológico que implica el proceso de individualización o "proyecto reflexivo del yo" de Giddens (1997). Para Sennett los lazos en la posmodernidad se vuelven débiles, sin embargo, Giddens encuentra la posibilidad de que éstos se vuelvan "puros": el individuo produce su propia narrativa biográfica valiéndose de los sistemas expertos para combatir la inseguridad. Como se indicó, la *seguridad ontológica*, que en el nivel inconsciente y conciencia práctica implica poseer respuestas a cuestiones existenciales que reducen la angustia, se encuentra amenazada por la falta de marcos y necesita de los sistemas expertos para contrarrestar los riesgos psíquicos y sociales y mantener una estabilidad razonable [desarrollado en el Capítulo 2].

La seguridad ontológica de Giddens se evidencia en el autocontrol que conlleva el estilo de vida light. El sujeto que se muestra preocupado por su salud, vive con mesura, lleva una cotidianeidad prolija y ordenada, configura el habitus que lo resguarda de cualquier amenaza. En este sentido, Sennett (2000) es menos optimista puesto que el individuo a la deriva en un mundo vertiginoso, busca seguridad, un *yo* sólido que sólo puede conseguir por medio de valores de conservadurismo cultural.

En el estilo de vida light la voluntad es fundamental, una característica de las más valoradas. Se necesita voluntad para dejar de fumar, voluntad para comer como "se debe" y voluntad para ir al gimnasio. El sujeto light si quiere "pertenecer a la tribu de los saludables y en forma", tiene que proponérselo y para ello el factor voluntad resulta clave. A propósito, en uno de los grupos focales se planteó la inquietud de un varón que deseaba dejar de fumar y fue clara la respuesta de su compañero:

–*No... sí, sí, yo quiero pero lo veo difícil. Hice terapia, acupuntura, me compré parches, todo lo que te puedas imaginar...*
–*Yo creo que es cuestión de proponértelo. Voluntad.*
–*Sí, qué sé yo...*
(Grupo de varones de entre 36 y 45 años.)

Se necesita de carácter, iniciativa y la plena convicción de lo que se hace. La vida que se lleva, el camino que se emprende, requiere de rigor y constancia, pero sobre todo de la certeza que lo que se ejerce se hace por uno mismo, y al mismo tiempo se asume la plena responsabilidad de ello. Asimismo, en las distintas sesiones de grupos focales se les preguntó a los participantes acerca de cuánto les preocupa su salud y estado físico:

Moderadora: –¿Cuánto les preocupa la salud o su estado físico?

–A mí me preocupa, no por mí sino por mi familia, por el que tiene que estar a mi lado, les costaría mucho a mis hijos... y realmente no quiero, en realidad me cuido más por ellos que por mí; tampoco es que "me cuido" pero trato de comer lo más sano posible.

Moderadora: –¿Qué es lo más sano posible?

–Comer común, no me drogo, no fumo, no tomo, soy re aburrida (risas).

Moderadora: –¿Qué piensa el resto?

–Yo hago yoga y cinta para estar bien para ser independiente, yo lo hago por mí... y también para que nadie tenga que cargar conmigo, aunque hoy día se usa que a la gente mayor la pongan en el geriátrico viste y los nenes en guarderías, la vida moderna es esa.

(Grupo de mujeres de entre 36 y 45 años.)

Además se les preguntó cómo se sentían a partir de la iniciativa de cuidarse, alimentarse correctamente y hacer actividad física. El siguiente es un extracto de una de las sesiones con jóvenes varones:

Moderadora: –¿Cómo repercute en ustedes la alimentación que llevan y la actividad física que practican?

–Y... te sentís bien...

–Sí eso tiene la vida sana, que logra que te sientas mejor.

Moderadora: –¿Qué cambios notan desde que llevan un cuidado más riguroso de su organismo?

–Yo, por ejemplo, mejoré mucho la resistencia, y eso lo veo en la cinta: cada vez un poquito más... un poquito más... Ni hablar de cambios concretos, ¿no? A nivel físico, los músculos y eso, los pectorales, las gambas, todo te cambia, y ni hablar si lo acompañás con suplementos.

(Grupo de varones de entre 25 y 35 años.)

Tal cual se estuvo indicando, el sujeto de la cultura light cultiva un estilo de vida propio basado en elecciones rigurosas y consientes –proyecto reflexivo–. Sabe qué comer y a qué horarios debe hacerlo. Conoce la importancia de hacer deporte, pues su imagen reclama la estética, pero su organismo también necesita irradiar salud. El individuo se convierte así en responsable de su vida. Cada una de las elecciones que realiza está minuciosamente pensada. Se trata de la cotidianeidad planificada como proyecto de vida. Se es sano por elección y también por convicción. Los riesgos del descontrol y los excesos se pagan en el futuro con enfermedades, o por lo menos, como una imagen no deseable. Es por eso que el estilo de vida light implica necesariamente una prevención constante. Llevar una vida ordenada y con mesura aminoraría riesgos. No tomar alcohol de más, tampoco fumar o comer en exceso. El autocontrol es una de las características más valoradas en el mundo light, de modo que el discurso del sujeto del estilo de vida light ronda constantemente sobre la idea de responsabilidad y la voluntad como característica fundamental para alcanzar la meta.

Por otro parte, se puso de manifiesto frases que involucran cierta sensación de incertidumbre y de permanente inseguridad. Los sujetos le temen a las enfermedades y el factor prevención se vuelve esencial para minimizar riesgos. Es la *sociedad de riesgo* de Beck (1997) y que retoma Giddens extendiéndola al conjunto de la vida social como al trabajo, familia, y vida privada; esta sensación de destino que puede controlarse mediante la disciplina y el autocontrol pone de manifiesto el proceso de individualización. Así, las identidades se tornan flexibles condicionadas por oportunidades y riesgos, pues es necesario adaptarse o cambiar rápido en caso de que sea necesario. Precisamente, en la cultura light, el cuerpo toma la dimensión de objeto, es aquello que se posee, un bien propio al que se le debe cuidado y atención. Es un producto elaborado por el propio portador, es "una obra de arte" cuyo artista se responsabiliza por la creación.

Como el cuidado del cuerpo y el estar en forma son responsabilidades del sujeto que lleva un estilo de vida light, asume elogios o críticas desde el exterior. Se hace cargo de su apariencia. Su cuerpo refleja el esfuerzo personal y la disciplina. Los buenos hábitos y la dedicación. En este sentido, la voluntad se torna clave en esta exaltación de buenos y saludables hábitos. El esfuerzo personal aparece como la exacerbación de la creencia de "destino personal" que transforma al sujeto en exitoso o fracasado. Este éxito o fracaso está determinado por la sensación de bienestar y la imagen que proyecta el mismo cuerpo. Beck (1997) describe esta situación como propia de una subjetividad que valora el esfuerzo individual y que relaciona la idea de "destino personal" con la movilidad social. Esta modalidad por la cual lo propio del sistema se desplaza al individuo es característica del proceso de individualización.

Por su parte, el discurso publicitario incentiva optimizar el ritmo de vida. Elegir por un cambio de vida saludable haciendo a un lado los malos hábitos. Asimismo, el mensaje menciona los valores: ecología, vida verde, aire libre, energía, vitalidad, dinamismo, considerados signos que convocan a cierto modo de vida, lo que implica mutar hacia una mejor calidad de vida. Ser parte del estilo de vida light encierra, según las publicidades, una opción de vida por la cual se debería estar dispuesto en cierta medida a jugarse. Dejar la vida contaminada y elegir la saludable. Los bienes y servicios publicitados instan a optar y tomar una determinación, una decisión que implica un quiebre con lo que hasta ahora era su estilo de vida.

Hábitos saludables pero sin sacrificios

Según los testimonios recogidos, pareciera que la calidad de vida se asocia con el tratamiento y la prevención de enfermedades, y que el cuidado de la salud depende, en parte de la atención médica y de otros factores –como la alimentación adecuada y la actividad física–. Cada persona puede ejercer un control directo sobre estos aspectos. El sujeto que mantiene un estilo de vida light se jacta de su disciplina ante todo, luego admiten una dosis de voluntad, autocontrol y responsabilidad, y finalmente una cuota de constancia, dedicación, paciencia y mesura. Parece que estas son las características del sujeto light, pero sin que ello implique necesariamente "sacrificio" –ninguno de los participantes de los grupos focales mencionó esa palabra–. Recuérdese que el nuevo pequeño burgués no se describe a partir de la abnegación de su persona sino más bien del "disfrute" y el placer no diferido, experimentado al instante, y recuérdese además las características de la posmodernidad vinculadas con el goce y disfrute [desarrollado en el Capítulo 1].

La producción de la imagen personal, pensada, finamente planificada y cuidada con método y rigor, ya no precisa del sacrificio que caracterizaba a la pequeña burguesía. Hoy el placer acompaña la búsqueda del cuerpo perfecto y del organismo saludable. Las nuevas clases medias legitiman el placer. Las extensas y sacrificadas dietas ya no son necesarias. Las penosas rutinas en los gimnasios pueden reemplazarse con técnicas como el yoga, streching, pilates o sus derivados. Se incentiva el gusto por lo que se hace; los profesores y especialistas indican que no se obtienen resultados desde el sacrificio. Los productos en góndola abonan esta idea, en tanto ofrecen buen sabor y placer sin calorías. No obstante, la impaciencia es un rasgo del sujeto preocupado por su apariencia, según mencionó el preparador físico:

Profesor de educación física: –En base a una serie de preguntas se establece una rutina. Sus hábitos alimenticios, su vida cómo transcurre, si tiene algún tipo de enfermedad, como problemas cardíacos, diabetes, tiroides, y a raíz de eso, se le diseña una rutina y se le dice que esto es constancia, que sea consciente que el trabajo es a largo plazo. Y la gente quiere todo ya, ya, ya... y ya es imposible. Por eso está muy metido en el gimnasio el tema de los suplementos, vitaminas, aminoácidos, esteroides anabolizantes.

Sucede que los valores tradicionales de esfuerzo, sacrificio y disciplina fueron reconsiderados y reemplazados por valores posmateriales en donde se legitima el placer. El sacrificio ya no es necesario. Los valores ascéticos del pequeño burgués no sirven, pues el habitus de las nuevas clases medias ya no se dirime en el *ascetismo por ascenso* o la *restricción por pretensión*. El universo aspiracional que implicaba un "deber ser abnegado" en el mundo pequeño burgués ya no cuenta:

Moderadora: –¿Realizan actividad física? ¿Cuánto tiempo hace que la practican?
–Estaba buscando algo que me gustara hacer. Toda mi vida estuve metida dentro de un gimnasio, conozco todos los estilos, habidos y por haber… también practiqué natación de chica pero llegó un momento que la rutina del gimnasio me agotó. Si bien veía resultados, me di cuenta que me estresaba más que relajarme: y así no sirve. Si no la pasas bien, no sirve, definitivamente. Entonces, leyendo una revista, me acuerdo, vi la promo de Tamara Di Tella, se dio un día que andaba cerca, me metí, me contaron de qué se trataba y nunca más lo dejé.
–Bueno, yo voy al gimnasio, bastante. En realidad soy un poco fiaca. Pero voy con mi amiga. Y nos damos coraje, entre las dos; está bueno ir con alguien porque se te pasa más rápido; es como decís vos: ¡es el deber cumplido! Igual, estamos un poco hartas de la rutina: empezamos la semana pasada pileta… bah, acquagym.
Moderadora: –¿Y qué les pareció?
–Está bueno. Todavía no sé si da resultados. Por lo que me dijeron, quemás mucho sin matarte y eso está bueno. Además el agua a mí siempre me gustó… la profesora decía que no solo tonificás, a parte te mejora la respiración y la resistencia.
(Grupo de mujeres de entre 36 y 45 años.)

Las posiciones nuevas o renovadas que describe Bourdieu (2006) instalaron el mensaje de "relajación y placer" en lugar de "sufrir para estar bello"; de ahí el éxito de las nuevas terapias propiciados por los centros médicos y de estética. De modo que tratando al cuerpo como un signo y no como instrumento, los difusores del buen gusto producen todo una simbología centrada en la abolición del dolor. Se trata de una nueva ética basada en la resignificación estética de la salud.

Por otro lado, el individuo de la cultura light presenta signos de distinción y pertenencia poniendo énfasis en apartarse del "no sano". Recuérdese que según Simmel (2002) los estilos de vida cumplen una doble función: distinguir y pertenecer, una dicotomía central al analizar estilos de vida light. En este sentido, "distinguirse del otro supone un acercamiento al nosotros que implique más que individualización, estandarización de estilos de vida" (Arizaga 2005:70). Se trata de una integración social que más que a partir del grupo de pertenencia y referencia, se da a partir del estilo de vida light, que encierra intereses y hábitos particulares. El *otro* no se vincula con un otro concreto, una persona física de la cual debe apartarse por ser mala compañía. En el estilo de vida light, "el otro" es el mal hábito, son las costumbres nocivas y perjudiciales para la salud que hay que revertir de manera urgente. El *otro* es la despreocupación por el cuidado de la salud y en cierto sentido también de la imagen. Pertenecer a la tribu de los que se cuidan y respetan, significa valorar la salud y revalorizar su cuidado. Los *otros* son quienes comen comida "chatarra", los que fuman y beben, y los sedentarios. Las rutinas y costumbres, que como quedó expuesto se fundan en ciertos imaginarios que pululan en la cultura light, indican no sólo el estilo de vida sano que se cultiva, sino además todas las opciones de vida que no se consideran, todo lo que no se elige ser. Un sujeto que cultiva lo light elige con sus acciones no ser un despreocupado por su salud. En otras palabras, "lo que se elige, tanto como lo que es dejado de lado, resulta funcional al marcar una pertenencia a un micromundo de *nosotros* y una distancia a un macrocosmos de *otros*" (Arizaga 2005:134).

En una de las sesiones de grupos focales, un varón de 35 años de edad comentó sobre el cambio en su rutina alimenticia:

–Trato de comer lo más sano posible, como además me gusta cocinar... sé lo que estoy comiendo. Si yo te contara las porquerías que comía cuando era pendejo... por empezar me la pasaba en el Pumpper (es de mis tiempos) y después en el Mc Donald´s, o comía al paso, cuando era cadete, siempre un choripan o pancho en cualquier lado, era barato y rápido. Ahora nada que ver, también mi vieja me da una mano. Me prepara tartas o cosas más elaboradas y las meto en el freezer y chau. Es un cambio de hábitos... ¿no?

También las mujeres en una de las sesiones de los grupos focales comentaron acerca de sus buenos hábitos alimenticios:

Moderadora: –Y Uds., ¿cómo se ocupan de la alimentación?
–No azúcar, tal vez al café algún edulcorante, pero nada más que eso. Todo descremado. Buena alimentación es tener respeto y cuidado por tu organismo, por ejemplo, yo a la compota no le pongo azúcar –y sé que hay gente que le pone–.
–Sí, porque los alimentos ya tienen las sales y los azúcares incorporadas de forma natural.
–Como yo, que al mate le ponía azúcar hasta que un día lo empecé a tomar amargo.
–Y sí, es cuestión de hábitos...
(Grupo de mujeres de entre 36 y 45 años.)

A partir del necesario cambio de hábitos que se dispone el sujeto que consiente decide llevar un estilo de vida light, surge la pregunta ¿cómo inciden entonces los intermediarios culturales en esta toma de conciencia? En este sentido, se les preguntó a ellos mismos cuál consideran que es el mensaje que imparten desde su actividad cotidiana y cómo incide en quienes los consultan.

Nutricionista: –Es una manera de educar. Tengo un rol esclarecedor. Trabajo en educación alimentaria. Enseñar al paciente, enseñarle cómo comer, cómo combinar los alimentos, puede ir a un buen restaurante y elegir bien. Las personas están confundidas, los medios confunden a la gente.

El profesor de educación física indicó que parte de su tarea consiste en no transmitir a quienes lo consultan sus preocupaciones personales. Su rol es educar en lo referente a la actividad física pero sin permitir que se filtre su estado anímico.

Profesor: –La gente quiere que estés bien, en mi ámbito, en el deporte, en el gimnasio, si tenés quilombos, problemas, no tenés que demostrarlo, al contrario. Es como que te ponés siempre una armadura y cuando llegás a tu casa dejás la armadura, la espada, dejás el chaleco, todo el equipo de batalla, y te desplomás. Es complicado. Es cuidarse el alma. Es complicado lograr una paz interior, una paz mental, y a partir de ahí poder poner en forma tu cuerpo. Porque todo depende de todo. El interior repercute en el afuera.

Por su parte, la instructora de yoga puso el acento en la unión cuerpo-alma y en cómo desde su actividad diaria contribuye con quienes la consultan a que logren armonía.

Instructora de yoga: –Se van bárbaros. "¿Cómo te sentís?", pregunto. "Bárbaro", dicen. Al principio ninguno quiere empezar, todo el mundo niega a ver su cuerpo cómo esta. La gente lo usa para disimular lo que le pasa por dentro. Te arreglás el cabello, la cara, te vestís para no ver el problema, el dolor... tu mandíbula está apretada de dolor... te vestís, tapas al cuerpo, pero no lo curás. Lo que hace falta es escuchar al cuerpo; la gente no lo escucha.

No lo visualiza, cosa que yo les enseño. "¿Qué pasa con tu cuerpo? ¿Dónde tenés el dolor? Mandále la respiración ahí, a esa parte. Mandále un color, acarícienlo." Ese es el mensaje que yo doy.

En tanto, el preparador físico hizo ahínco en el optimismo así como en la fuerza de voluntad y constancia como factores clave para lograr resultados.

Entrevistadora: –¿Cuál es tu rol como intermediario en este estilo de vida?

Preparador físico e instructor de yoga: –Yo trato de que sean positivos, los animo, aunque sea si lograron un poquito más de elongación o si alguien se va descontracturado o si siente que trabajó su cuerpo o que la respiración le haya hecho bien. Un efecto, tiene que haber un efecto, que sea positivo para que vuelva, para que se lleve algo bueno de la clase.

Entrevistadora: –¿Creés que con tu tarea diaria contribuís a que las personas mejoren su calidad de vida?

Preparador físico e instructor de yoga: –Yo me siento parte, porque creo que es un ida y vuelta. Hay gente que viene hace mucho tiempo y no avanza porque no se esfuerza, no nota cambios, no tienen una periodicidad, no tiene... ¿cómo se llama?

Entrevistadora: –Constancia...

Preparador físico e instructor de yoga: –Constancia, sí. Creo que es una interacción. No es de un lado solo. Siempre que trabajás con personas es un ida y vuelta, un feedback (y sí contribuyo, si encuentro a la persona que realmente quiere).

Retrasar el envejecimiento

Una imagen recurrente en las sesiones de discusión fue la exaltación de la juventud como *estado* en sí mismo, un ideal que no sólo es necesario alcanzar sino mantener, en lo posible eternamente –de ahí la juventud como *estado*–: "la juventud no es una edad sino una estética en la vida cotidiana" (Sarlo 1994:38).

A diferencia del grupo focal de los más jóvenes, se advierte que la preocupación por el envejecimiento comienza a asomarse en la franja que pasó los 36 años de edad. Cuando se les preguntó cómo se veían de aquí a 10 o 15 años, el grupo de entre 25 y 36 años proyectó su vida a nivel laboral y familiar. Sin embargo, cuando se les realizó la misma pregunta a los más grandes, interpretaron la pregunta en términos físicos. Se vieron ellos mismos dentro de algún tiempo y manifestaron cómo incidirían los años venideros y qué hacen para amortiguar el paso del tiempo:

Moderadora: –¿Cómo se ven ustedes dentro de diez o quince años?

–Más grandes... tal vez con nietos... no lo sé. Bueno, me encantaría. También con otra madurez... viendo la vida desde otro lugar.

–Yo no me veo con mucha diferencia, a lo que me veo actualmente... no; es decir, diferente sí voy a tener menos salud eso seguro, porque uno se va gastando se va deteriorando...

(Grupo de mujeres de entre 36 y 45 años.)

Por su parte, los varones comentaron:

–Yo no sé si pelado, pero todo canoso seguro. Achaques no creo tener, para eso me cuido, para evitarlos ¿no?, o por lo menos para llegar a los 60 con decoro...

–Y sí, uno trata de cuidarse pero quién te garantiza llegar bien... uno trata: comer bien... bueno, yo por ejemplo, dejé el faso hace rato.

–¿Cómo hiciste? Yo ya intenté unas 12 veces en mi vida; fumo desde los 14 y no puedo... qué querés que te diga... es más fuerte que yo...

–Yo como te dije trato de hacer vida sana sacando el cigarrillo. Como bien, trato de tomar sólo los fines de semana, no siempre, y voy al gimnasio unas 3 o 4 veces por semana. Pero

contestando tu pregunta, sí me preocupa el tiempo... mejor dicho, el paso del tiempo, que me pegue mal. Y parece que no, pero todo lo que puedas hacer por vos te mejora, te prepara para lo que viene.

–Yo pienso más o menos parecido... no es una preocupación es más que nada estar prevenido. La vejez va a llegar en algún momento, eso es inevitable pero ir preparando tu cuerpo para el cambio es lo mejor que podés hacer por vos mismo y por los tuyos, tener salud, bienestar.

–Sí, a mí también me preocupan las próximas décadas pero también me importa el presente, verme bien.

–A mí también me preocupa verme bien pero lo que no hiciste hasta ahora... por eso pienso de aquí en más. Yo como les decía, siempre hice algo, actividad física pero ahora, últimamente, le agregué el tema de la alimentación. Siempre hice deporte, fútbol, natación, pero no me cuidaba en las comidas, comía cualquier cosa... ahora no.

(Grupo de varones de entre 36 y 45 años.)

Si bien se dejó entrever cierta preocupación por los años venideros, el grupo de los más jóvenes aún lo ven como algo lejano. Para ellos, el bienestar presente y la imagen se imponen.

–Si te toca como a mí, que nunca hice nada, no te digo que es tarde pero ver resultados, pero es como medio imposible. Igual bajé un par de kilos, me siento mejor, pero más que nada me preparo para los próximos años.

–Hay flacos que piensan solo en la imagen, en sacar músculos y se olvidan de la salud. Tenés que hacer deporte pero también comer bien. ¿Cómo llegás a los 40 si no? Arruinado.

Moderadora: –¿Te preocupa el paso del tiempo con respecto a tu imagen?

–Y sí, un poco sí. Está bueno que vaya pasando el tiempo pero que lo vayas llevando bien, no que la vida te lleve a vos, ¿no?

(Grupo de varones de entre 25 y 30 años.)

El sujeto que porta un estilo de vida light, no sólo configura su cotidianeidad a partir de elecciones consientes que implicarían adoptar una vida saludable, sino también se construye exteriormente como joven, elige ser joven. Así funda su propia marca, construida a partir de una combinación de marcas elegidas.

De este modo el "sujeto consumidor" es estimulado e interpelado por una serie de signos, símbolos e imaginarios entre los que circula y con los que va construyendo la imagen de sí, al mismo tiempo que reconstruye o descifra el mundo en el que está inmerso (Molinari 2004:113).

En este aspecto, la exaltación del estado *juventud* puede relacionarse con el ahínco en retrasar el envejecimiento; por ello se le deben al cuerpo el cuidado necesario pues este cuerpo es en verdad un signo que refleja el éxito o fracaso en la tarea encomendada.

Por su parte, el profesor de educación física entrevistado, quien trabaja con personas de diferentes edades, cuando se le pidió que describiese el perfil del que concurre al gimnasio, aseguró que aquellos que pasaron el umbral de los 50 son quienes mayor entusiasmo presentan.

Profesor: –Después de los 50 años con más pilas los ves. Cuanto más grandes, más predisposición. No hablemos si vienen por una enfermedad... Pero el compromiso que asumen es mucho mayor que la gente joven. Los pibes se te cuelgan en la máquina. Vos ves que les explicás el ejercicio y se quedan mirando fijo.

Sucede que a partir de los años ochenta y noventa la juventud trascendió los límites de la etapa vital que la definía y se transformó en un estilo de vida (Hepworth y Featherstone 1983)[1]. De acuerdo con lo manifiesto en los grupos

---

[1] Estas ideas fueron publicadas en el artículo "The Midlifestyle of 'George and Lynne': Notes on a Popular Strip", el 1 de enero de 1983, en la revista *Theory, Culture & Society* (vol.1, issue 3, pp.85-92) [disponible en línea https://goo.gl/XQy2R0].

focales, podría interpretarse que la juventud constituye una categoría sociocultural que trasciende la edad cronológica de los sujetos, un estado en sí mismo que conlleva vitalidad y energía, valores claves en la cultura light. En el imaginario, la juventud está asociada al mundo de la posibilidad, abierta a las promesas del presente y del futuro, mientras que la vejez se asocia al ámbito de la imposibilidad.

Por su parte, la comunicación publicitaria propone, al mismo tiempo que legitima, disímiles modelos juveniles éticos y estéticos; fomenta la postura del "eternamente joven" equiparándola con los valores de dinamismo, vitalidad y constante energía, posibles de obtener consumiendo determinadas marcas. La juventud es una *forma de ser* y el discurso publicitario tiene como punto de referencia justamente la aspiración del ser joven como sinónimo de éxito. Ser joven hoy es un estado, un estilo, un conjunto de elecciones, una trayectoria, una postura ante la vida. En este sentido, la construcción del sujeto joven, abarca lo corporal, la elección estética de construcción de imagen, un criterio específico en los consumos culturales y sobre todo la construcción del carácter o personalidad. Se trata entonces de cierto habitus juvenil: *ser joven* como *modo de ser*, como forma de vivir.

En la modernidad tardía se valoriza la apertura a la renovación continua, y en este sentido, los jóvenes son funcionales por ser permeables a las modas y flexibles para adoptar nuevas prácticas. En este sentido, ser joven o mantenerse joven es un trabajo en sí mismo, ya que se debe moldear la personalidad, exaltar las características legitimadas y adoptar prácticas asociadas a la cultura light. Por tanto, la juventud en sí misma se convierte en un nuevo parámetro de exclusión social. En suma, la juventud operaría en dos dimensiones: como vehículo de promoción del consumo y como producto consumido, el mismo sujeto joven que acompaña a los productos es el que se transforma en objeto del deseo.

5

Hábitos y patrones de consumo light

(…) la oportunidad de salir de compras, de ponerse o sacarse algo, la verdadera identidad, de moverse, ha llegado a significar libertad para la sociedad de consumo. La elección del consumidor es ahora un valor por derecho propio; la actividad de elegir importa más que lo que se elige, y las situaciones son elogiadas o censuradas, disfrutadas o castigadas según el rango de elección disponible (Bauman 2002:94).

Cultura de consumo light

En *Trabajo, consumismo y nuevos pobres* (2003) Bauman inicia el capítulo dos con una frase contundente: "la nuestra es una sociedad de consumidores" y luego traza una línea divisoria entre modernidad y posmodernidad indicando cómo la *ética del trabajo* fue reemplazada por una *estética del consumo*. Mientras el capitalismo industrial se expandía, aún existía una sociedad de productores; sin embargo, en la fase del capitalismo posindustrial emerge una comunidad de consumidores en la que la satisfacción del deseo impera. Bauman hace hincapié en describir a ambas sociedades por medio de la dicotomía ética/estética. En la modernidad, se moldeaba la conducta de los individuos a través de instituciones panópticas que los preparaban para comportamientos rutinarios y monótonos. La sociedad de consumidores invierte esta lógica fomentando: "la ausencia de rutina y un estado de elección permanente" (Bauman 2003:45).

En la cultura light mantener una vida saludable se convierte en una de las imágenes más útiles y rentables para algunos segmentos dentro del mercado de consumo masivo. En los últimos años, toda una gama de productos de bajas calorías o considerados saludables invadió las góndolas de los supermercados, almacenes y quioscos. Desde yogures hasta galletitas o alfajores, no queda rubro alimentario sin tener su alter ego dietético. Las aguas saborizadas y las barritas de cereal comenzaron a reemplazar a las tradicionales gaseosas y golosinas. Si bien no bruscamente, el proceso fue aceptado por la mayoría de los consumidores que paulatinamente se volcaron hacia la comida "sana" acorde al proceso de estilización de la vida cotidiana. En este sentido, los que abrieron camino a las diversas líneas saludables fueron los yogures, que tras una fuerte campaña que incluía novedosos envases y propuestas, lograron una posición.[1]

El crecimiento de la oferta de productos saludables es considerado por las empresas de medición y estadísticas como un ejemplo contundente del auge de las categorías no básicas, que tienen una fuerte participación en el consumo diario. No obstante, este auge de las comidas saludables y los "buenos hábitos alimenticios" es acompañado por un incremento de los precios de estos bienes: la línea verde llega a costar un 50% más que sus pares tradicionales. El notable aumento en la oferta de alimentos light responde a una tendencia global: los sujetos se muestran interesados en consumir productos, además de ricos, saludables y

---

[1] Entre los productos de mayor crecimiento, el mercado de las aguas es protagonista, la fuerza del segmento llevó a las marcas de gaseosas más importantes a desplegar su propia línea. Desde 2003, las aguas saborizadas comenzaron una tendencia alcista de consumo, pasando de un 1% en el 2003 a un 7% en 2007 y alcanzando un 10% en 2011 (Nielsen, julio 2013). Otras fuentes consultadas: Luna, Mauricio. "¿Cuáles son las bebidas sin alcohol que más consumen los argentinos?" *Infobae*. 20-Ene-2016 [disponible en https://goo.gl/ADA1Mf]. "El consumo de aguas saborizadas crece cerca del 20 por ciento". *Telam*. 06-Abr-2013 [disponible en https://goo.gl/6fzjS3].

nutritivos. Esta modalidad llegó al país a mediados de los ochenta, y en los noventa, con la apertura de las importaciones, la oferta se multiplicó.

Un trabajo publicado por Kantar Worldpanel (2012) estima que el 33% de los latinos ingiere alimentos de bajas calorías; el 61% de los encuestados asume que lo hace para tener una dieta más sana, el 56% para cuidar su peso, el 42% por recomendación médica y un 25% para darse el gusto con otras cosas[2]. Asimismo, el relevamiento señala que en Argentina, por cada dos personas preocupadas por el sobrepeso hay un consumidor de productos light, convirtiéndose en el país de la región que más gasta en *comida healthy*, seguido por Chile y casi duplicando el consumo de Venezuela.

Además del notable crecimiento en el consumo masivo light en los hogares, la incorporación de los menús light en bares y restaurantes de la Ciudad de Buenos Aires apoya esta inclinación de los consumidores hacia una alimentación sana. Tras la aprobación de la Ley 1906 –Ley básica de prevención de enfermedades cardiovasculares, obesidad y diabetes. Regulación de la comercialización de alimentos– (2005-2006), por parte de la Legislatura, se impuso a los restaurantes una carta de comidas alternativas con platos saludables.[3]

Ya desde 2004, por la presión ejercida por las organizaciones científicas y de consumidores que reclamaban a McDonald´s un menú light, la empresa comunicó oficialmente que modificaría la composición de su "Cajita", que incluiría pechuga de pollo, yogur bajas calorías, leche orgánica y otros alimentos saludables en su menú especial para

---

2 Los datos surgen de un estudio que llevo a cabo Kantar Worldpanel sobre 8100 hogares de 16 ciudades latinoamericanas. Los resultados fueron publicados en "Indican que el 31% de la población consume productos light". *Revista Énfasis*. 15-Nov-2012 [disponible en https://goo.gl/qfSnfZ].

3 La Ley 1906 en su artículo 3° señala que "los restaurantes deberán ofrecer al público, conjunta o separadamente con la carta principal, una cartilla que contenga un listado de diferentes comidas elaboradas con alimentos sin sal y azúcar agregadas, de bajo contenido graso y otras indicaciones que la autoridad sanitaria considere necesarias" [disponible en https://goo.gl/1nnBAs].

el público infantil.[4] Lo cierto es que el tradicional "templo de la comida chatarra" fue cambiado su imagen reemplazándola por una más saludable y afín con los tiempos que corren. Hoy puede encontrarse en sus menús, ensaladas, frutas, yogures con cereales y sándwiches livianos. Sus míticas hamburguesas, cuya composición fue tantas veces cuestionada, ahora compiten con los sándwiches de pechugas de pollo y lomo, acompañados con vegetales al natural y salteados, mayonesa de oliva y panes especiales.

Por su parte, los restaurantes y bares vegetarianos se imponen como una opción más en la gama de posibilidades gastronómicas de los porteños. Por ideología, salud, religión o simple elección, cada vez más individuos prestos a "mejorar su calidad de vida" optan por prescindir de la carne en un país históricamente carnívoro e incluir en sus dietas comida vegetariana o macrobiótica. Considerados excéntricos hasta pocos años, los vegetarianos, los naturistas y los amantes de los productos orgánicos hoy están ganando terreno.

Otro tipo de servicio gastronómico dentro la cultura light es el delivery de menús saludables. Las empresas que los ofrecen operan a través de dos postulados básicos: el primero, que la calidad de vida depende de la buena alimentación, y el segundo, que el ritmo de vida del mundo contemporáneo no deja espacio para alimentarse correctamente. De este modo, las empresas de *catering* sano y light elaboran menús personalizados, listos para comer y con entregas a domicilio.

Si bien los locales de venta minorista de productos dietéticos y herboristerías tienen larga data, su reproducción durante los últimos tiempos es un fiel ejemplo de la expansión de la cultura light. En un recorrido por los distintos

---

4 Sin embargo, la empresa no respondió a los reclamos que formularon organizaciones especializadas para que reemplazara el aceite utilizado para preparar las papas fritas que posee un alto índice de colesterol. "Cajita Feliz pero diet". *Página 12*. 19-Mar-2004 [disponible en https://goo.gl/ejG1Ek].

barrios de la zona metropolitana de Buenos Aires se pudo conversar con los responsables de algunos locales. Un dato interesante lo aportó una de las entrevistadas quien alertó sobre la nomenclatura "dietética" con la que actualmente se designa a estos sitios:

Responsable de local: –Hoy vas a la dietética, antes ibas al "todo suelto". Antes –te habla de hace treinta o cuarenta años–ibas al negocio y encontrabas bolsas de arpillara con las frutas secas, bolsas plásticas con harina, sémola, lentejas, porotos, fideos... y también vendíamos vino suelto que sacábamos de tone-les. Hoy podés encontrar cualquier cosa: cápsulas con levadura, adelgazantes naturales, que sé yo... una variedad infinita, y algo importante es que los productos están cerrados. (Herboristería y dietética ubicada en Flores).

Pudo corroborarse que el auge del consumo light ataña a estos locales especialmente: son el sitio indicado en materia de "buen vivir". Quien presenta rasgos de llevar una "vida sana", cómo no compraría en estos sitios, pues su solo nombre "dietética" le hace honor al estilo de vida que cultiva. De hecho, cada vez venden más variedad de productos y ofrecen alternativas de consumo.

Responsable de local: –Hasta hace poco sólo vendíamos pro-ductos sueltos, gelatinas y postres dietéticos, frutas secas, deseca-das, y algún que otro panificado light; pero en los últimos años incorporamos una heladera con menús preparados light para la gente que trabaja en la zona, o las amas de casa que no cocinaron y necesitan salir del apuro con algo rico y sano. (Dietética ubi-cada en Villa del Parque.)

Además pudo comprobarse que la venta de productos reducidos en calorías y preparados especiales gira en torno al concepto de *lo natural* y una terminología que es usual oír en estos lugares "orgánico". Así, para incorporar alimentos naturales, las dietéticas venden productos orgánicos, libres de químicos.

Responsable de local: −Y nosotros acá recibimos... unas doscientas personas por día, que llevan desde fideos secos de harina integral, granola sin miel y sin azúcar, panes proteicos, miel, frutas secas, vinos orgánicos... y bueno, lo de siempre, yogur y barritas de cereales. (Dietética ubicada en Monserrat).

Las tiendas de alimentos dietéticos o naturales poseen un gran número de clientes asegurados y que probablemente se incremente, porque cada vez son más quienes se suman al estilo de vida light buscando una mejor calidad de vida; y porque además se especializan en la venta de productos muy concretos que los compradores no encuentran en los supermercados, como es el caso de los bienes orgánicos o adelgazantes naturales.

Responsable de local: −Durante la crisis, la gente compraba fideos, arroz o harina suelta especulando que fuese más barato que ir al supermercado; hoy se vuelcan a productos específicos, llevan chocolates y golosinas dietéticas. Me preguntan sobre la composición de los alimentos, si son orgánicos, integrales o naturales. También llevan mucho adelgazantes −señalando el stand de químicos− y me preguntan cómo tomarlos. Si bien hace más de 18 años que estoy en el barrio, cambió mucho el tipo de compra, sobre todo porque cada vez tengo más variedad de productos que ya no caben en el negocio. (Dietética ubicada en Villa Santa Rita).

Cuando se le pidió a una de las vendedoras visitadas que describiese a su cliente típico, no vaciló en responder:

Responsable de local: –¡Es muy preguntón! Me pregunta mucho: qué tiene el producto, cómo está compuesto, si le hace bien, si es apto para dietas hipocalóricas estrictas... Algunos vienen con cosas que ni siquiera puedo responderles, porque no las sé. ¡Saben más que yo! (Herboristería y dietética ubicada en Palermo).

Este último testimonio se identifica con el anterior, en tanto ambos remarcan la inquietud de sus clientes, quienes preguntan y presentan dudas concretas sobre los productos. En este sentido, y según lo expuesto, podría ratificarse la idea que el sujeto que porta un estilo de vida light es un ser preocupado que intenta educarse buscando información. Resulta evidente que esta situación a la que se ven expuestos los vendedores cuando sus clientes les piden datos concretos sobre la composición y beneficio de los alimentos, radica en que concretamente hay cada vez más cantidad de productos en el mercado, pero además porque el fenómeno se halla estimulado por el caudal de información que reciben los consumidores constantemente desde los medios de comunicación y las redes sociales. Incluso, como parte de la estrategia comercial, las principales marcas asumen la tarea de enseñar hábitos saludables a la sociedad. Tienen en su portal de Internet una serie de consejos relacionados con el cuidado del organismo y la optimización de la alimentación; ofrecen tablas nutricionales, recetas saludables e información específica que contribuye con el estilo de vida light. La participación en eventos específicos –como ejemplo, en el Congreso Argentino de Pediatría– también es una forma de comunicar las bondades del bien que se promociona. Las compañías que utilizan estas políticas de promoción suelen apelar a la familia como recurso, hacen referencia directa a la solidez de sus marcas consolidadas que gozan de la posición de referentes tanto en el sector. Por su parte, el Estado desde hace años asumió la tarea de educador en materia salud a través de las diferentes políticas públicas del Ministerio de Salud.

El conocimiento como acceso al bienestar. Además de la compra calculada y consciente de productos light y funcionales en el almacén del barrio o el supermercado, la expansión del *ciudadano de la salud* y la resignificación del cuidado del organismo como valor en sí mismo, hizo que otros campos del mercado de consumo también se extendiesen. En este sentido, el consumo cultural también crece: comprar revistas especializadas y libros de autoayuda, navegar por Internet o mirar programas especializados en salud, estética o fitness.[5] En este sentido, se busca una suerte de guía de acción, el conocimiento y el "secreto" que es revelado por expertos –intermediarios culturales– para lucir radiante y gozar de vitalidad. Asimismo, los libros de autoayuda cuya retórica ronda siempre la guía de acción y el consejo de vida constante puede encontrárselos en las librerías y quioscos de diarios. El recurso de los autores es la exhortación con cierto optimismo hacia el cambio de vida al que instan de forma constante. Los títulos encierran el mal, padecimiento o enfermedad, así como la promesa de que tienen solución posible, pero claro, depende únicamente de la iniciativa personal del sujeto, quien además "no está solo" en la búsqueda del bienestar: existe una gama infinita de productos, información y terapias a las que puede recurrir. Los diarios digitales tienen secciones vinculadas con la alimentación y el cuidado de la salud. Brindan consejos sobre cómo alimentarse –composición química y los beneficios

---

5   Quedarse en casa mirando televisión es también un acto consumista por sí mismo. Son consumidas imágenes que luego se cristalizan en una compra efectiva. Al respecto, Silverstone (1996) señala que la televisión acompaña el desarrollo de la sociedad de consumo y que no podría existir la programación televisiva sin los auspicios y la publicidad de diversos objetos que suponen estilos de vida. La pantalla televisiva [hoy, las pantallas en sentido amplio] representa las vidrieras de un *shopping*, y puede conocerse al mercado a partir de su recorrido. La televisión es en sí misma un producto que se consume, primero oníricamente y luego impulsa a un tipo de consumo concreto que se realiza en el mercado. Las pantallas proyectan imágenes del cuerpo y la salud ideal a través de figuras públicas que lucen radiantes y cuya vida despierta la inquietud de imitarlas.

que cada alimento aporta al organismo–, qué ejercicios físicos basados en alguna técnica particular y cómo prevenir ciertas enfermedades. Además del diseño de canales específicos, es notorio observar cómo los canales de aire o cable tradicionales dedican espacio para la educación sobre hábitos sanos. Incluso, en los últimos tiempos han aparecido decenas de aplicaciones móviles para descargar vinculadas con la alimentación y el entrenamiento físico.

Por su parte, los intermediarios culturales también son grandes consumidores de bienes simbólicos específicos a sus disciplinas. En las entrevistas en profundidad indicaron lo imperioso de estar preparados para el consejo del que consulta; y en este sentido, son ávidos lectores de revistas, libros y sitios en Internet relevantes a sus ocupaciones. En suma, existe una ávida búsqueda por optimizar la cotidianeidad en función de las pautas culturales y mapas del gusto que sugiere la cultura light. La recomendación de especialistas y profesionales de la salud, estética y fitness, es seguido entusiastamente por el sujeto que mantiene una postura de aprendizaje porque considera que el conocimiento lo liberará de males futuros.

En el mercado light, además se ofrecen breves y variados cursos de capacitación a distancia con el certificado correspondiente: Alimentación ayurveda, Soluciones naturales para la belleza natural, Panadería artesanal, Gourmet saludable, Salsas sin calorías, Adelgazar con estilo, Alquimia en la cocina, Curso de alimentación disociada, Cocina macrobiótica, entre muchos otros cursos. Sencillo, cualquier persona puede convertirse en un especialista en alimentación y fitness, y dar consejos sobre salud en escaso tiempo y poco esfuerzo. Lo expuesto evidencia cómo renombrados intermediarios culturales dentro de la cultura del *buen vivir* imparten sus conocimientos a otros, que llegan con ánimo de aprender y hacer de ello un medio de vida.

Como se indicó en el Capítulo 3, la producción y comercialización de productos, bienes masivos y culturales y la prestación de servicios, le está encomendada a un grupo específico dedicado a la provisión de beneficios simbólicos. A este grupo Bourdieu los llamó *nuevos intelectuales* por adoptar una actitud de aprendizaje continuo respecto a la vida. Impulsan el consumo a otros grupos dentro de la sociedad, que ávidos en aprender, enriquecerse y dispuestos a cambiar antiguos hábitos, aprehenden las indicaciones que los intermediarios les proporcionan desde los medios de comunicación y redes sociales. Estos *mercaderes de necesidades* actúan como una "correa de transmisión" impulsando el consumo hacia nichos de mercado específicos. Resulta preciso reiterar que este consumo es simbólico porque no se consumen productos sino signos y que en este sentido, la nueva clase media se convierte en productora de éstos desplazando a los productores de mercancías del capitalismo organizado.

La expansión del *ciudadano de la salud* no es un fenómeno aislado, sino que se encuentra estimulado por una industria cultural que crece. Como resalta Lash (1997), expuesto en el Capítulo 2, no se trata sólo de bienes informacionales sino de toda una economía de signos la que está en juego y que agrieta hacia una reflexividad no sólo cognitiva sino estética, impulsora de un nuevo ethos y de un *individualismo expresivo*. Además sostiene que la reflexividad actual se vincula primordialmente con la dimensión estética proveniente del arte, pero también de la cultura popular y la vida cotidiana. Al inicio también se apuntó que la expansión de la producción esconde el interés por controlar a una sociedad de consumo cada vez más manipulable, y por ende, atomizada y alienada (Adorno y Horkheimer [1944; 1947] 2002). En síntesis, podría especularse que el consumo cultural light esconde la compra de conocimiento, con la seguridad de que éste proporcionará el acceso a una mejor calidad de vida, y ésta a su vez, evitará padecimientos y enfermedades futuras o el tan menospreciado envejecimiento. Se trata entonces de la expansión de la producción capitalista de mercancías a partir del cual el individuo satisface sus necesidades a través de una gama creciente de bienes y que de forma paralela reflexiona sobre su estética.

Tecno-ciencia: investigación y desarrollo

Dentro de la imaginería light, la creencia que una alimentación saludable es fundamental en para prevención de enfermedades incentiva la demanda de alimentos "más sanos"; por tanto, la industria desarrolla constantemente nuevos productos con características que exceden lo puramente nutritivo y los relacionan directamente con la salud. Así, una nueva generación de alimentos hace furor en el mundo y en las góndolas argentinas. Bautizados *funcionales*, son productos que, además de nutrir, aportan beneficios para la salud. Según los especialistas, son la novedad más revolucionaria y prometedora en materia de nutrición; son ejemplo de estos desarrollos la creciente oferta de productos fortificados o enriquecidos, así como la de alimentos libres de algún componente considerado nocivo. Entonces, los alimentos funcionales son productos modificados o con agregados de componentes con efecto terapéutico probado; la mayoría de ellos actúa sobre los sistemas cardiovascular y/o gastrointestinal. Actualmente, el mercado ofrece un yogur que previene infecciones intestinales y fortalece el sistema inmunológico, una leche que ayuda a bajar el colesterol o a disminuir la pérdida de calcio, un pan que permite reducir las probabilidades de desarrollar cáncer de colon, y un chicle que combate a placa bacteriana y limpia los dientes.[6]

Aunque tanto su definición como el marco normativo vigente para los alimentos funcionales admite variantes según los criterios y los países, estos productos son una

---

[6] Para profundizar en este tema se recomienda el artículo de Valenzuela y otros (2014), "Alimentos funcionales, nutracéuticos y foshu: ¿vamos hacia un nuevo concepto de alimentación?" [disponible en https://goo.gl/HxutlI].

realidad comercial creciente. La historia de este nuevo segmento de la industria alimenticia suma apenas treinta años.[7] El pionero fue Japón: en los años ochenta los japoneses calcularon que para reducir el gasto de salud debían mejorar la calidad de vida de sus cada vez más numerosos ancianos; hoy el país tiene unos trescientos cincuenta productos autorizados. Le siguió Estados Unidos hace una década y en Europa, los desarrollos tienen unos quince años. "A mediados de los años ochenta se empezó a reunir evidencia científica sobre la capacidad y potencialidad de algunos alimentos de contener componentes bioactivos que resulten beneficiosos para alguna función del organismo. Así surgieron los alimentos funcionales, productos que se despegan de lo exclusivamente nutritivo y suman otros beneficios: promocionan la salud, mejoran el bienestar general y disminuyen la posibilidad de que aparezcan o avancen enfermedades crónico-degenerativas.

Los científicos del Consejo Nacional de Investigaciones Científicas y Técnicas (CONICET) desarrollaron el primer alimento simbiótico[8] argentino –SanCor Bio con L.Casei yFructanos Naturales–. La investigación científica sobre alimentos funcionales no es una novedad pues

---

7   Elustondo, Georgina. "Cada vez hay más alimentos que ayudan a prevenir enfermedades". *Clarin.com* 14-Abr-2006 [disponible en https://goo.gl/olXC-YE].

8   Simbióticos: alimentos logrados a partir de los prebióticos y probióticos. Probióticos: son bacterias vivas que se agregan especialmente a productos lácteos y que tienen la capacidad de sobrevivir a los jugos del tracto digestivo y llegar al intestino grueso, colonizarlo y competir con las bacterias nocivas para el organismo. Al aumentar el número y actividad de las bacterias benéficas, se potencian sus efectos: inhibición del desarrollo de bacterias patógenas, estimulación de funciones inmunitarias, mejor digestión y/o absorción de nutrientes y vitaminas, etc. Prebióticos: sustancias que funcionan como fibra soluble en el aparato digestivo. No pueden ser atacadas por las enzimas digestivas y, al llegar al colon, fortalecen las bacterias beneficiosas y colaboran en la regulación del funcionamiento intestinal. Entre las bondades comprobadas figuran: prevención o mejora de desórdenes gastrointestinales, reducción del riesgo de cáncer de colon y mayor absorción del calcio. [Fuente: Lic. Florencia Spirito. Asociación Argentina de Dietistas y Nutricionistas].

lleva casi tres décadas en el país. Por ejemplo, la aparición en el mercado nacional de la leche entera fermentada con *lactobacillus casei* y *lactobacillus acidophillus* superó los veinte años desde su aparición –comúnmente conocida como Leche Bio–.[9] El Estado Nacional y SanCor son dueños en igual porcentaje de los conocimientos desarrollados, de las patentes y de su explotación. Además, por este novedoso producto, la empresa fue distinguida, entre otros, con el premio "Reconocimiento al Mérito Científico y Modelo de Transferencia Tecnológica a la Producción Nacional" y con el "Sial de Oro 1998", premio que se otorga en París a los mejores veinticinco productos alimenticios del mundo.

Resulta esencial hacer un alto en la descripción, rescatar la teoría de la *sociedad del riesgo* de Beck (1996; 1997) y relacionarla con el surgimiento y desarrollo de los alimentos funcionales. Tal cual se señaló en el Capítulo 2, las sociedades industriales experimentaron un proceso de modernización simple, que en las sociedades de riesgo se hizo reflexiva. Pero Beck, hace la salvedad que sólo es reflexiva parcialmente porque al introducirse decisiones o instituciones dirigidas por elites técnico-científicas, la

---

9 La investigación estuvo fundada en los casos de diarrea crónica y desnutrición presentes en la población infantil de Tucumán. Ante esta situación, y a fin de buscar una solución, los pediatras del Hospital de Niños de esa provincia recurrieron al Centro de Referencia para Lactobacilos (CERELA), dependiente del Consejo Nacional de Investigaciones Científicas y Tecnológicas (CONICET). El vicedirector de este organismo de investigación dedicado al estudio de las bacterias lácticas y organismos relacionados era el doctor Guillermo Oliver. Desde 1996 es integrante del Consejo de la Fundación SanCor, ha participado en diversas conferencias y cursos, recibiendo también distinciones y premios como reconocimiento a su trayectoria. Él estuvo al frente de los estudios e investigaciones que derivaron en un alimento adicionado con microorganismos vivos beneficioso para la salud de quien lo consume. Este descubrimiento radicaba en dos bacterias (aisladas de intestinos de un niño sano argentino) que se propagaban en leche y, al proveerse a niños con cuadros similares a los antes mencionados, lograban detener el problema y revertir la situación. En 1988, luego de cuatro años de investigaciones, el CONICET lanzó una licitación pública con el objetivo de que el proyecto de la leche biótica fuera desarrollado industrialmente y comercializado.

modernización no es del todo reflexiva sino que agrava los peores excesos del lado oscuro de la modernización simple inicial; y sólo es posible una sociedad reflexiva en tanto ésta cultive la crítica hacia esas elites (1997:57-58). Según el autor, las elites técnico–científicas constituyen una suerte de alianza entre los científicos y el capital; destaca que mientras en la sociedad industrial la hegemonía residía del lado del capital, en la sociedad del riesgo son los científicos quienes controlan volviéndose el sector hegemónico. El resultado es la transferencia de poder político desde el Estado hacia las organizaciones corporativas de científicos. Mediante un discurso oscuro y con un dejo de pesimismo, Beck sostiene que en la actualidad la industria primero produce y luego investiga según los resultados obtenidos. Es decir, "se verifica después de aplicar" contraponiéndose al método científico basado en la experimentación. Según Beck, es ahí donde se aprecia el lugar privilegiado de las elites técnico-científicas borrándose de este modo "la frontera entre el laboratorio y la sociedad". El único modo de que la reflexividad sea completa es cuando la ciencia sea cuestionada por el conocimiento, o con la auto-reflexión del conocimiento sobre el conocimiento mismo (1997:60).

La cooperativa fue la única que se presentó a la licitación y posteriormente procedió a la firma del Convenio Específico de Vinculación Tecnológica con el CONICET. A partir de 1989, SanCor financia investigaciones médicas y bioquímicas y trabaja en el progreso industrial para que las especiales cualidades del nuevo producto estuvieran al alcance de todos. "Cuando en diversos contextos pareciera ser que lo público y lo privado no pudieran confluir en una tarea común, la labor conjunta desarrollada entre la ciencia y la industria argentinas que derivó en la Leche Bio, demuestra que la complementación es posible".[10] Beck

---

10 SANCOR (2005). "Décimo aniversario de Leche Bio. Un logro nacional de relevancia internacional." *Revista SanCor* (nro. 656) [disponible en https://goo.gl/eBXG7p].

acordaría con esta frase, es posible la asociación científico-empresarial, sólo que dudaría de los fines reales que se esconden detrás del vínculo. Porque si bien los beneficios de este tipo de productos es indiscutible, continúan respondiendo a la lógica del mercado y a los intereses comerciales del sector privado que hizo del concepto calidad de vida y salud, óptimos resultados económicos. Incluso siendo más onerosos que sus homólogos convencionales, las marcas los legitiman desde el discurso que engrandece las propiedades preventivas que estos bienes adquieren.

Abanico de opciones: libertad de elección y rentabilidad económica

La proliferación de productos en góndola es muestra clara de la expansión del mercado de consumo masivo en general, y del light en particular. No obstante, el aumento en la capacidad de elección que se les ofrece a los consumidores podría interpretarse como una estrategia de mercado que las empresas desarrollan aprovechando las oportunidades de negocio que el giro cultural en cuanto a valoración de la salud y estética les brinda. Detrás de cada elección de compra podría sugerirse que se encuentra el sentido hedonista y la búsqueda de la perfección posmodernos. Cada compra calculada y cada tabla nutricional que se lee detrás de los envases, esconde el examen y la intención del sujeto por estetizar su vida en función del estilo de vida light que adoptó. Lo expuesto indicaría cómo el sujeto circunscripto en la cultura light tiende a construir su propia identidad por medio de lo que el mercado lanza como novedoso y éste compra de manera entusiasta.

A propósito de la expansión del mercado light, Bauman señala que "la vocación del consumidor se satisface ofreciéndole más para elegir, sin que esto signifique necesariamente más consumo" (2003:53). El autor también agrega que la libertad de elección es un importante indicador de la posición social que se ocupe.

Cuanto mayor sea la posibilidad de elegir, más reconocimiento en la escala social. La libertad de elección es el marco en que los consumidores inscriben las aspiraciones de su vida: un marco que dirige los esfuerzos hacia la propia superación y define el ideal de "buena vida". Cuanta mayor sea la libertad de elección y, sobre todo, cuanto más se la pueda ejercer sin restricciones, mayor será el lugar que se ocupe en la escala social, mayor el respeto público y la autoestima que puedan esperarse: más se acercará el consumidor al ideal de la "buena vida" (Bauman 2003:54).

Además de la expansión de la oferta de productos, aparece la segmentación como parte de una tendencia global que responde tácticamente a la fragmentación de los mercados de consumo. La disciplina del marketing define a la segmentación como un proceso de división del mercado en subgrupos homogéneos, con el fin de llevar a cabo una estrategia comercial diferenciada para cada uno de ellos, que permita satisfacer de forma más efectiva sus necesidades y alcanzar los objetivos comerciales de la empresa (Santesmases Mestre 2000:213). En este sentido, las empresas líderes modifican sus productos y amplían sus líneas hasta llenar las góndolas con decenas de variedades. En las recorridas que se llevaron a cabo durante el trabajo de campo por supermercados y almacenes de la zona metropolitana de Buenos Aires, se comprobó situaciones estratégicas similares con yogures, aguas minerales, quesos, cereales y panificados; además de las diferencias en la composición química, los productos se ofrecen en múltiples envases con disímiles formas y tamaños. De acuerdo con Santesmases Mestre, el marketing utiliza de manera recurrente la estrategia de la segmentación de los mercados de consumo porque su utilidad radica "en poner de relieve oportunidades de negocio existente, contribuir a establecer prioridades, facilitar el análisis de la competencia y permitir ajustar las ofertas de productos o servicios a necesidades específicas" (2000:215).

Asimismo, los segmentos pueden determinarse de acuerdo con criterios generales o específicos. Los primeros son independientes del producto o proceso de compra y sirven para medir una población a partir de aspectos demográficos, socioeconómicos o geográficos. En tanto, la segmentación específica está relacionada con el producto o proceso de compra, como la estructura o tamaño de consumo, lealtad a la marca, uso del producto, beneficios buscados o percepciones hacia el bien (Santesmases Mestre 2000: 218-224). Con respecto al estilo de vida light, se dijo que es espacio social delimitado por un grupo de personas que comparten un habitus: centros de interés y preocupaciones comunes vinculadas con su apariencia y bienestar físico. Dentro de este espacio, la segmentación se define a partir de criterios generales que dan cuenta de la edad y el sexo de los consumidores, y criterios específicos, evidenciados en el tipo de uso y las percepciones acerca del producto. Por ejemplo, el deportista o aficionado a la actividad física que entrena varias horas semanales tiene necesidades diferentes a la mujer urbana que "debe" lucir espléndida pero que no tiene tiempo suficiente o al niño en edad escolar que necesita concentrarse en el colegio y hacerle frente a los gérmenes y bacterias a los que se expone de continuo. En este sentido, los estilos de vida implican necesariamente un tipo de segmentación que requiere una medición compleja que incluye –además de variaciones por sexo y edad– aspectos psicológicos.

La presentación del producto, su packaging, es elemental en la segmentación del mercado de consumo light. Quienes pasan gran parte del día fuera de su hogar debido a obligaciones laborales, requieren envases dóciles de manipular, fáciles de transportar y consumir en todo lugar. En este sentido, los yogures bebibles y las barritas de cereal disponibles en los kioscos fueron productos pioneros en exaltar el beneficio de poder consumírselas a cualquier hora y en todo lugar. Hoy se consiguen una diversidad de viandas light para el almuerzo en varias tiendas naturistas ubicadas en la ciudad. En suma, es una característica del capitalismo tardío la mayor elección y diferenciación de productos; y esta transformación en el consumo se concretiza en la comercialización, presentación y diseño, en la "pesca" de consumidores por estilo de vida, gusto y cultura y no por el registro general de categorías de clase social (Hall 1993:92).

Por otro lado, cabe señalar que generalmente en el rubro alimenticio se segmenta a través de innovaciones concretas en el producto o mediante maquillajes imperceptibles. No obstante, en la mayoría de los casos la novedad se vende más cara, lo que permite aumentar las ganancias escapando al control de precios, que alcanza sólo a las variedades básicas. Es decir, las empresas agregan valor a sus productos y los venden a un precio mayor, a veces con la intención de eludir cualquier control inflacionario que proponga el gobierno. No obstante, lo que resulta aún más destacable es que todos y cada uno de los productos lanzados al mercado responden a la lógica del capitalismo tardío, circunscriptos en la economía de signos: los sujetos compran en función de los beneficios que consideran que "mágicamente" esos productos van a conferirles. En el imaginario light se mezcla la promesa mesiánica de bienestar, la novedad y el respaldo de marcas tradicionales que continúan beneficiándose con el consumo estético de los tiempos modernos.

> (...) la producción de capital simbólico cumple funciones ideológicas porque los mecanismos por los cuales contribuye a la reproducción del orden establecido y a la perpetuación del dominio permanecen ocultos (...) el gusto está lejos de constituir una categoría estática. El capital simbólico sigue siendo capital sólo en la medida en que lo sustenten los caprichos de la moda (Harvey 1998:97-100).

Dentro del mercado de consumo masivo, los lácteos son sin duda los bienes más segmentados y la buena prensa que tienen los ubica en el lugar de "nobles" por naturaleza. El espacio de este sector fue creciendo exponencialmente en los últimos tiempos: hace unos veinte años hablar de leche light fortificada o con hierro era una sofisticación. De ahí en más surgieron infinidad de variedades y subtipos con diferentes atribuciones. Así como la leche, el mercado del yogur es uno de los más dinámicos dentro del sector lácteo. La estrategia también es la diferenciación constante y el lanzamiento de nuevos productos a través de la incorporación de agregados, de la variación e innovación de los envases y de la adaptación a las nuevas demandas del consumidor. Se realizan fuertes inversiones en investigación y desarrollo, servicios al cliente y publicidad. Como se indicó, las empresas tienden a cubrir segmentos de consumidores cada vez más específicos desarrollando productos para niños, jóvenes, deportistas, mujeres, personas adultas y mayores, y celíacos, entre otros perfiles. Para ello, los productos se diferencian por su consistencia –firme, batido y bebible–, por su contenido graso –entero, parcialmente descremados o descremados– y por su sabor –natural o saborizado–. A estas presentaciones hay que sumar una diversa gama de agregados: trozos o pulpa de fruta, cereales, crema, miel, organismos probióticos, sulfato ferroso, calcio y vitaminas, entre otros.

La distinción entre alimentos dietéticos y funcionales implica una segmentación específica: la compra se efectúa por los beneficios que el consumidor cree que ese producto le aportará. Aquel sujeto que compra exclusivamente productos dietéticos cuida rigurosamente no excederse en la ingesta calórica, está preocupado por su figura y probablemente, el descenso de peso. Sin embargo, el comprador de productos funcionales, con una intención más bien preventiva, busca ávidamente el cuidado de su salud creyendo que el *plus* simbólico de estos alimentos le aportará un refuerzo al funcionamiento de su organismo. La economía de signos proporciona un menú de opciones a partir del que se elige en función de nichos de mercado, que serializa estilos de vida produciendo un "fordismo del lado del consumo"

(Lash y Urry 1997:187). Se trata entonces de modos de vida parecidos a segmentos de mercado en donde el poder de compra selecciona por diferencias.

En conclusión y a partir de lo expuesto, podría asegurarse que el mercado de consumo light está hipersegmentado. Además la industria alimenticia se especializa constantemente, innova y continúa segmentando al interior del estilo de vida light. Consecuente con esta evidencia, Harvey (1998) asegura que el posmodernismo se identifica justamente por encontrar formas de expresar cierta estética de la diversidad. "Las nuevas tecnologías –en particular el diseño por computadora– han eliminado la necesidad de asociar la producción masiva flexible de «productos casi personalizados» que expresan una gran diversidad de estilos" (Harvey 1998:95).

¿De qué modo la publicidad contribuye con la estimulación del consumo light?

Un *nuevo tipo de pedagogos* (Bourdieu 2006), los intermediarios culturales, generan el lenguaje publicitario puesto que transmiten las nuevas pautas de consumo y mapas del gusto. El objetivo de la publicidad es reproducir al sistema capitalista en su totalidad, por eso ya no se detiene en las características materiales de los productos, sino en recomendar prácticas que conforman estilos de vida centrados en el consumo como forma de *ser/estar en el mundo*. Sucede que los atributos del producto se definen en la relación entre sus características objetivas y los esquemas estéticos y éticos de los habitus que estructuran los sistemas de percepción y apreciación, definiendo la demanda real que los publicitarios deben considerar. Bourdieu aclara que la gran eficacia de la publicidad resulta de halagar las disposiciones preexistentes sometiendo al consumidor a sus expectativas bajo la apariencia de servirlas.

Respecto de los recursos publicitarios, una de las técnicas más utilizadas para impulsar el consumo la constituye el empleo de testimoniales. Un comercial testimonial apela mediante la intervención de un cliente que atestigua la eficacia del producto o servicio. Se puede recurrir a consumidores o usuarios comunes que representan a otros, por ejemplo: un ama de casa hablándole a otra. Asimismo, los creativos publicitarios convocan a profesionales de la salud, médicos, psicólogos o dentistas, o bien a personajes del espectáculo o del mundo deportivo que recomiendan y dan crédito de la eficacia del producto sugerido. Los productos funcionales apelan al testimonio de quienes *el producto les cambió la vida* como recurso publicitario. El consejo del profesional matriculado aparece como un recurso persistente en la publicidad de los alimentos funcionales; los consejos de los intermediarios culturales adoctrinan y educan a las audiencias sobre el buen vivir siempre a través de la advertencia de especialistas. En este sentido, aparecen ciertos *efectos poéticos* que juegan con las connotaciones del mensaje evocando las experiencias vividas. La publicidad moviliza palabras o imágenes que hacen resurgir experiencias en torno a la casa que son "comunes y singulares, triviales y únicas". Comunes por la tradición cultural de la que forman parte y únicas por formar parte de la historia personal (Arizaga 2004a:46).

De acuerdo con De Certeau (1992) se presencia un *proceso de semiotización de la esfera de vida* en donde las tradicionales estructuras de socialización que interpelaban a los sujetos y explicaban la conducta que éstos adoptaban fue reemplazada por estructuras de producción-consumo de signos y símbolos. Estas estructuras mantienen una fuerte mediación de las redes de comunicación masiva y digital, forman nichos de mercado por medio de la discursividad mediática publicitaria y generan determinadas conductas que orientan estilos de vida según sus disposiciones (Lash y Urry 1998).

En suma, el sistema publicitario fija un potencial imaginario subjetivado e individual que permite a los grupos de consumo seleccionados personalizar un estilo de vida definido. Los individuos que son agrupados por su capacidad de consumo quedan encerrados en *espacios de significación reflexivos* que retroalimentan con sus prácticas y representaciones el sistema de objetos-signos de la tecnocracia mediática. Este sistema excluyente asegura una perpetuación del orden economicista en la vida cotidiana y su progresiva expansión porque impacta directamente sobre las redes de formación de la identidad.

Prácticas y usos del tiempo libre

En el capitalismo posindustrial, el consumo se presenta ante la sociedad como un derecho para disfrutar y no una obligación para cumplir. Ahora los individuos son guiados por intereses estéticos y no por normas éticas, porque es justamente la *estética* el elemento que integra a la *comunidad de consumidores*.

Según lo evidenciado, en los últimos años el tema de la salud comenzó a tomar una entidad mayor en la sociedad, sin embargo, esta búsqueda por "sentirse mejor" no quedó sólo en la optimización de los hábitos alimenticios. La salud también tenía que venir de la mano del ejercicio físico diario, la asidua consulta médica y las actividades recreativas al aire libre.

Desde los medios masivos se imparte el mensaje de que la obesidad y el sobrepeso dentro de pocos años se transformarán en una epidemia produciendo gran cantidad de muertes al año debido a problemas cardíacos e hipertensión, como así también importantes pérdidas para el país en concepto de gastos en salud. Por este motivo, la comida "chatarra", el estrés, la ansiedad, el ritmo de vida vertiginoso, el sedentarismo de las nuevas ocupaciones son las principales causas de este problema. Con este argumento se difunde cada vez con más ahínco la necesidad de asistir a profesionales nutricionistas, médicos o esteticistas para aprender a alimentarse y a consumir productos específicos que permitan mantener el peso en el nivel adecuado y al organismo libre de sustancias que obstaculicen arterias y fuercen el trabajo del corazón. En este sentido, la oferta de gimnasios, espacios vinculados con el entrenamiento físico y los centros de medicina estética crecieron de modo vertiginoso así como sus abonados.

Con respecto al mundo de los gimnasios, la fusión entre locales y la entrada de cadenas internacionales al mercado local durante las últimas dos décadas se dan en un contexto de continuo crecimiento de la industria fitness en Argentina. A propósito, la evolución del sector es tal que desde hace años se realiza en el país el Congreso Anual de Mercado Fitness, dirigido a los propietarios y gerentes de gimnasios. El evento cuenta con la visita de consultores externos invitados a la Argentina; los especialistas dan cátedra sobre marketing y gestión financiera en el sector.[11]

Además de la creciente profesionalización y apuestas financieras y comerciales, el auge del mercado fitness se cristaliza en la proliferación de disciplinas que se agregan cada año como novedad. Similar al mercado de consumo masivo light, la actividad física, recomendada enfáticamente desde los medios de comunicación, mantiene una estrategia de expansión de la oferta y segmentación por gustos. Constantemente llegan nuevos modos de entrenamiento físico, muchas clases se presentan como novedad cuando en rigor se trata de adaptaciones, fusiones o pequeños cambios a conocidas disciplinas. Una tendencia reciente son los entrenamientos de alta intensidad similares a los que se realizan en las fuerzas militares que ofrecen desarrollar agilidad, velocidad y resistencia. Concentradas en

---

[11] La más reciente, la 12° Expo & Conferencias 2016, en Buenos Aires, Argentina. Agenda [disponible en https://goo.gl/kWtHi3]

centros de entrenamiento funcional –con una apariencia estética distinta a los tradicionales gimnasios– se practica indoor cyclee, spining y crossfit, y también una gama de clases aeróbicas cuyos nombres respetan el idioma de origen: zumba, boot camp, power jump, power local, fight do, power gym, mega dance, box training, aquafitness, bikram yoga, balance training, entre otros. Todas estas modalidades tienen en común la adhesión de personalidades reconocidas que se mostraron a través de sus redes sociales practicándolas, hecho que las hizo populares.

Como parte de la estrategia de investigación, los grupos focales y las entrevistas a informantes clave fueron combinados con la visita a varios de estos sitios diseminados por la zona metropolitana de Buenos Aires. La intención fue explorar la dinámica de estos servicios y sobre todo, captar las representaciones sociales que circulan en estos espacios de entrenamiento físico y cuidado corporal. Asimismo, este apartado da cuenta de prácticas usuales en el espacio público, que también es consumido, en contraposición a la idea popularmente difundida de que sólo las compras de bienes son consumo efectivo. Para cerrar las diversas opciones que ofrece la cultura light al *ciudadano de la salud*, hacia el final se presentan los centros de estética y medicina como espacios que brindan planes personalizados vinculados con la alimentación, salud y estética corporal.

Actividad física y búsqueda del bienestar

Cuando se comenzó a indagar el mundo de los gimnasios se advirtió rápidamente que los salones de barrio disputan espacio en el mercado con las grandes cadenas de clubes –mega emprendimientos nacionales y extranjeros, diseminados en varias sedes en el país–. Además de la evidente diferencia en el arancel y en los servicios que ofrecen a sus socios, se advirtió contrastes en los modos de sociabilización. Mientras en los grandes clubes la individualidad de los sujetos se refleja en la atención prestada a sus celulares que inhiben cualquier conversación entre usuarios durante el entrenamiento, los pequeños gimnasios barriales aún conservan un fluido intercambio entre pares. Por ejemplo, para los jóvenes-adolescentes aparece como un lugar de socialización al que concurren alrededor de las cinco de la tarde.

Profesor de educación física: –Ir al gimnasio es una forma de socializarse con otras personas, un ámbito para distenderse, también para divertirse, buscan compañía... a veces también las chicas vienen en grupito, para hacer una actividad: sentirse bien.

Si bien el gimnasio aparece como un lugar de intercambio, se notó que desde temprana edad los jóvenes están preocupados por su imagen. En este sentido, asisten para modelar y fortalecer su cuerpo. Los varones quieren *"sacar músculos"* y las chicas *"adelgazar y tonificar"*. Ambas respuestas se obtuvieron en la mayoría de los casos en que se les preguntó qué los motivaba a entrenar cada día. No se evidenció estimulación alguna por mejorar hábitos alimenticios o preocupación concreta por su salud. La valoración estética en función de modelos sociales vigentes es el móvil para los jóvenes-adolescentes. El testimonio del entrenador físico ratificó esta observación cuando se le pidió que describiese el perfil del concurrente según sexo y edad.

Profesor de educación física: –Lo que yo estoy viendo ahora es que antes era muy complicado ver a chicas, de 18 años para abajo en la sala de musculación, y hoy se ve, de 12, 13, 14 años... ahí adentro, las podías ver haciendo aeróbic o localizada, pero se ve mucho ahora en la parte de musculación, ese fue un cambio importante.

Entrevistadora: – ¿A qué atribuirías el cambio?

Profesor de educación física: –En parte a lo que se les vende, ¿no? Eh... cada vez la juventud y las chicas quieren empezar a moldear el cuerpo cada vez más chiquitas, por el tema de los talles en la ropa, cada vez son más chicos.

En el caso de los jóvenes-adultos, además de concurrir al gimnasio con intenciones estéticas, se vislumbra cierto interés por la calidad de vida. *"Verse bien pero también estar sano"*, fue una de las respuestas que se obtuvo de un joven de 38 años que entrenaba en el salón. Para esta cohorte etaria, si bien el lugar no toma dimensiones socializadoras concretas, se notó que varios asisten con algún amigo que los acompañe y anime en la práctica. También las parejas concurren luego de la jornada laboral.

Profesor de educación física: —Tenés hombres o mujeres que vienen por una enfermedad, una rehabilitación, o alguien que viene por estética, o porque le gusta hacer gimnasia. Y la mayoría de las personas que vienen, vienen como obligadas, estamos hablando de un perfil arriba de los 30 años, como que tienen que hacer algo porque se los dice la mujer, se lo dice el marido, la madre, o se lo dijo el cardiólogo, el psicólogo: para sacar tensiones, para canalizar de otra forma.

Para la franja etaria mayor de 35 años, la preocupación se aloja en el "retraso del envejecimiento" [ratificando lo expuesto en el Capítulo 4]. *"Si aparento menos edad de la que tengo, es señal que estoy haciendo bien las cosas"*, aseguró una abonada de 42 años de edad que caminaba en una de las cintas del salón.

Responsable de gimnasio: —Las señoras vienen a la mañana después de dejar los chicos en el colegio o después del almuerzo.

Sin embargo, y a pesar de que la cantidad de socios se incrementa en los clubes y gimnasios, parece que no responde a una motivación interna, un gusto real por el deporte, sino que la inducción se estaría ejerciendo desde afuera. Así lo expresó el preparador físico al referirse al público que asiste:

Preparador físico: –De la gente que va al gimnasio sólo un 20% sabe qué le hace bien. Son entes en el salón: están con el celular o se cuelgan con las pantallas del gimnasio.

Entrevistadora: –Estos entes que vos decís que percibís, supongo que tendrán una vida útil muy corta en el gimnasio...

Preparador físico: –Sí, totalmente. Es que ya te das cuenta en la forma de hablar, de caminar.

Entrevistadora: –¿Sí?, ¿por qué?

Preparador físico: –Y al caminar arrastran los pies... la forma de hablar, de gesticular... Como que les falta el alma. No tienen alma. Tienen que venir. Tienen que venir porque saben que les hace bien el gimnasio.

Entrevistadora: –¿Y esta característica, en quiénes lo notas más?

Preparador físico: –En los hombres entre los 30 y los 45. Me dicen: "es el trabajo, estoy cansado".

Más allá de las diferentes causas que motiven la asistencia a los gimnasios, la actividad física es una práctica que se estimula desde los medios de comunicación constantemente, y en este sentido, los diferentes tipos de gimnasios y salones de entrenamiento físico son un negocio que crece.

En la entrevista realizada, el preparador físico aseguró –en un claro intento por denunciar la dinámica interna de las grandes cadenas de clubes– que lejos de cuidar al socio, varios gimnasios no tienen los aparatos de resucitación ante un incidente.

Profesor de educación física: –No se ve en los gimnasios o en los clubes que se informe a las personas que tienen diabetes, cómo se entrena teniendo hiperglucemia, o si es hipertensa, o tiene un problema cardiovascular. Fijate que en ningún gimnasio hay un área que te diga cómo se hace. Para los mismos profesores no hay cursos en que se les enseñe RSP, y si se te llega a quedar alguien frito en la sala de musculación... No hay en ningún gimnasio un desfribilador. Por eso el Gobierno lanzó que en todos los gimnasios te pidan el certificado de aptitud médica. Pero hecha la ley, hecha la trampa. Entonces, el médico te hace un certificado... que dice: "consto que fulanita de tal hasta el día de la fecha está apta para hacer una actividad física." Con eso se resguarda que si te agarra un problema respiratorio fue después... porque lo que va a hacer el gimnasio es: "mirá yo acá tengo su aptitud médica, la persona acá llegó sin ningún problema." De esa manera, vos no sabes si es para que los pequeños gimnasios vayan desapareciendo a medida que le ponen más trabas, o si se hizo la ley para cuidar al socio realmente.

Por otro lado, durante la recorrida por varios centros de entrenamiento se presenciaron sesiones de yoga. Se observó que en los encuentros se hace constante alusión a la calidad de vida, el sentimiento de bienestar y la salud, mediados por un clima oriental. Los diez primeros y los diez últimos minutos están destinados a distender la mente y el cuerpo. El momento inicial de relajación está indicado para desacelerar los cuerpos que vienen de la calle con su trajín diario; y en el caso de la relajación final, ésta se enfoca hacia un momento de meditación. El nudo de la clase se desarrolla a partir de las posturas que la instructora propone, quien les otorga el nombre en sánscrito que al tiempo traduce. Además cada movimiento es indicado para determinada afección, y en este sentido, la profesora lo comunica a su clase. Se prestó atención a la actitud de los partícipes. Las palabras recurrentes en la clase fueron contractura, estrés, insomnio y relajación; y parecería ser que frente a estos males contemporáneos, el yoga podía contra todos. Asimismo, la idea de "prevención" rondaba la clase, no se hablaba de enfermedades concretas sino más bien de "salud y cuidados". Antes de iniciarse el encuentro, un grupo de señoras charlaba sobre su edad: una de ellas preguntó a sus compañeros qué edad aparentaba y al oír que la clase le daba diez años menos, se satisfizo y atribuyó a sus ocho constantes años en la disciplina. En una conversación con la instructora al terminar la clase, contó que cada vez es más usual ver gente joven en las sesiones y que hoy es usual que los varones se acercan a la práctica. Según la instructora, esto se debe al mayor grado de concientización sobre el cuidado del organismo: el conocimiento se democratizó gracias a los medios digitales y que *"todos saben que es mejor prevenir que curar... y además la gente está muy estresada"*, indicó. El nivel de relajación que la disciplina ofrece se conjuga con una sociedad cada vez más demandante de tranquilidad. A propósito de la quietud que la disciplina promete, se le pidió a instructora entrevistada que describiese el perfil del practicante:

Instructora de yoga: –Hay gente que viene de casualidad, porque está de moda... porque los medios lo difunden mucho. Otros porque el médico los manda, porque tiene un problema de columna. Pero yo creo que el ser humano, todos, sin excepción, está en una búsqueda interna que tiene que ver con lo espiritual. Si ven que les hace bien la clase se quedan, sino no, migran. Van de un lado para el otro en el gimnasio. Van probando. Igual no todas las personalidades están preparadas para la relajación. Hay un paradigma de cuidar el físico, de una búsqueda interior; el mundo está tan saturado de materialidad que quiere otras cosas, que tienen que ver con eso... con la búsqueda de la paz interior y de darse cuenta que lo único que puede hacerte feliz es tu interior, que la realidad no está afuera sino adentro de uno.

Entrevistadora: –¿A qué edad se practica yoga?

Instructora de yoga: –Bueno, antes era una activad de gente grande; hacían yoga porque no implicaba movimientos bruscos, todo lento y no demasiado exigido... o porque los mandaba el médico. Ahora se han incorporado distintos tipos de yoga y... hay muchos más interesados en la disciplina.

Entrevistadora: –¿A qué se debe la emergencia de diferentes alternativas de yoga?

Instructora de yoga: –Por más que sea una disciplina que intente el equilibro entre el cuerpo y la mente, no escapa del marketing o de la visión occidental que todo lo hace lucrativo. De ahí las distintas variantes que surgen de las fusiones entre disciplinas vinculadas con la gimnasia y la danza.

También se presenciaron clases de pilates en distintos centros para tomar nota de las manifestaciones de los grupos de interés. Se advirtió que esta técnica tiende a la armonía y el equilibrio similares al yoga aunque con una mecánica interna que la separa de esa disciplina. En cuanto a la dinámica, las instructoras daban extensas explicaciones sobre funcionamiento y anatomía al tiempo que marcaban los ejercicios. Generalmente asisten mujeres de entre 20 y 40 años de edad, a las que se les enseña cómo sentarse adecuadamente y qué postura deben adoptar al caminar. Una de las instructoras se empeñaba en concienciar a su auditorio que el fortalecimiento del abdomen es esencial para tomar una correcta postura, que allí en un lugar llamado plexo solar, se encuentran todas las emociones de los individuos, de allí la importancia de mantenerlo sano y fuerte.

Asimismo se presenciaron clases acuáticas en diferentes natatorios de la ciudad. Por ejemplo, en una de las clases de *acquagym* se hablaba constantemente de calorías. Una joven de aproximadamente 30 años al tiempo que se introducía en la piscina, aseguraba exaltada: *"ya sé cuantas calorías se bajan por clase; me metí en Internet"*. Otra, más descreída, la interrumpió: *"eso lo recuperamos con un plato de fideos"*. La obsesión por la estética es evidente. No se hablaba de calidad de vida o cuidado de la salud, sino más bien de la imagen y la estética corporal. Entre los ejercicios que proponía la profesora desde afuera del agua, la clase intercalaba con su recurrente tema "las calorías" y cómo es conveniente contabilizarlas. Pudo observarse que el grupo en su totalidad era femenino y dentro de éste, la proporción de señoras mayores y jóvenes-adultas era similar. Parece que la gimnasia acuática está indicada para mujeres mayores de 50 que presenten afecciones óseas; y para las más jóvenes, la técnica tiene la fama de "quemar muchas calorías sin darse cuenta". De modo que esta práctica resulta ideal para quienes buscan aliviar síntomas y una buena figura sin sacrificios.

Las tres disciplinas mencionadas –yoga, pilates y entrenamiento acuático– tienen en común la idea de "no sacrificio", de disfrutar lo que se está haciendo y ser plenamente consciente del momento. Resultó evidente notar expresiones adustas en los rostros de quienes practican complementos en la sala de musculación, corren en la cinta o hacen bicicleta, mientras que la atmósfera que proponen estas técnicas invitan a una sensación de placidez que pudo constatarse en los practicantes, y en el caso del zumba acuático, acquagym y acquarelax las se desenvuelven sencillamente divertidas.

Por su parte, el gimnasio, salas de aeróbico o de musculación, tienen un clima completamente diferente. Se percibe euforia y ánimos rivales. En este sentido, los espejos en las paredes abundan, sin excepción, en una clara invitación a la reflexión estética (Lash 1997). Independientemente de la suntuosidad del lugar, el clima es más o menos similar en las grandes cadenas y en los gimnasios de barrio: verse a sí mismo y compararse con el resto son modos recurrentes en estos espacios. Así como el mito ubica a Narciso frente a un lago que refleja su belleza, los inmensos espejos en la sala de musculación distraen a los socios.

En otro orden de cosas, una práctica relativamente reciente es la incorporación de la actividad física en el ámbito laboral. Con una evidente intención de reducir el ausentismo y estimular el rendimiento de sus empleados, varias empresas ofrecen a sus trabajadores programas de gimnasia y relajación en pleno horario de trabajo. Haciéndose eco de un fenómeno originado en Estados Unidos hace poco más de quince años, surgen en el país emprendimientos que desarrollan programas de actividades física, recreativa y de relax destinados a los empleados de importantes empresas. La idea central es contribuir a sobrellevar de la mejor manera las extensas jornadas laborales, aumentar la productividad y la fidelización con el cliente interno. Las prestatarias del servicio ofrecen planes a medida que radican en fortalecer la autoestima de cada miembro de la organización, estimulando capacidad creativa y optimizando desempeño. Para complementar la parte física, contemplan la elaboración de planes nutricionales y estudios antropométricos. También ofrecen rutinas de entrenamiento ejecutivo que incluyen desde clases de stretching, pilates, yoga y ejercicios posturales, hasta actividades para embarazadas y mujeres en período de posparto.

Uso del espacio público y emprendimientos privados

Además de compras concretas, las prácticas vinculadas con la cultura light encierran un uso del tiempo y del espacio que el sujeto invierte en el estado físico y en su salud. Durante la fase de campo, además de gimnasios, clubes y centros deportivos, fueron visitados lugares abiertos en la Ciudad y se observó que son escenario de prácticas deportivas y disciplinas orientales en su mayoría. Los parques y plazas se llenan de gente que camina, patina, anda en bicicleta y corre, y el momento del día más convocante para tales actividades suele ser la mañana o el atardecer. En este sentido, el espacio urbano se personaliza en función de los grupos de interés que lo circulan (Piccini 1999). Precisamente, la urbe de la modernidad tardía es una ciudad sin sistema de parentesco, con necesidad de formación de grupos de pertenencia, que personaliza el espacio haciendo un consumo estético del mismo y conformándose de este modo estilos de vida.

El verde de estos espacios simboliza la naturaleza, y ese contacto con *lo natural* y un –aparente– alejamiento de la ciudad son representaciones asociadas al concepto de calidad de vida. Los árboles, fuentes con agua y el cielo abierto, contribuyen a cierto sentimiento de bienestar y salud: "apartarse del smog y el ruido de la ciudad", una imagen que intenta despegarse de la contaminación ambiental y auditiva, como factores nocivos para la salud. Se trata de valores posmateriales que surgen en una economía de signos (Lash y Urry 1997), en la cual el espacio aparece como un aditamento dentro de un menú de opciones de estilos de vida.

Incluso, la incorporación de bici-sendas en la ciudad da cuenta de cómo los cambios espaciales en la dinámica urbana invitan a pensar en consecuencias de orden sociocultural a partir de las transformaciones en la estructura socioeconómica contemporánea. Las innovaciones espaciales responden a procesos de renovación urbana en donde se concretiza la fragmentación de clase, particularmente en los estratos medios (Crompton 1994).

Por otro lado, en los últimos años se hizo frecuente la difusión de eventos deportivos organizados por Organizaciones no gubernamentales con el patrocinio de importantes marcas. Se contribuye con alguna causa benéfica estimulando los hábitos saludables. Se invita a participar de una maratón de la que participarán personajes mediáticos, por ejemplo, y a disfrutar de una vida sana y deportiva al aire libre en la ciudad.

Asimismo, el verano se convirtió en la estación light. Dejó de ser el momento del año en que se descansaba y rompía con las rutinas, ahora la tendencia es aprovechar el tiempo libre para realizar actividades que mejoren el bienestar. Este entusiasmo por la salud y el bienestar no podía pasar desapercibido para las grandes marcas; las propuestas que patrocinan para el verano no son sólo paradores donde sentarse a comer y beber, sino además incluyen una serie de actividades que mezclan el ejercicio físico, el entretenimiento y el relax. De modo que estas tribus –light– personalizan el espacio, transforman el espacio público en un objeto de consumo estético y contemplativo para el uso de un clan de entendidos o comunidad de interpretación (Piccini 1999).

En suma, la ciudad es un espacio que se consume a partir de ciertos escenarios y propuestas, representando un campo plausible en donde situar la reflexión sobre el impacto del consumo en la conformación de estilos de vida.

Para quienes las rutinas en los centros deportivos o las prácticas físicas en el espacio verde suponen hábitos difíciles de cumplir por falta de voluntad o escaso tiempo, existe un abanico de servicios que ofrece el mercado light. Por un lado, las clínicas dedicadas a la medicina estética, que valiéndose de las distintas ramas de las ciencias de la salud ofrecen análisis de laboratorio sofisticados, diagnósticos y tratamientos nutricionales y estéticos personalizados basados en los gustos y hábitos del paciente.

Por otro lado, con una propuesta de atención personalizada similar aparecen los spa[12] que priorizan la armonía del sujeto combinando tratamientos importados de Oriente con terapias locales. Algunos funcionan como hoteles, los cuales entre sus prestaciones incluyen servicios terapéuticos con agua, que suelen complementar con sesiones de masajes y aromaterapia con el propósito de lograr una sensación de bienestar y relajación en el huésped. De acuerdo al nivel de sofisticación y al target que apunten, ofrecen desde sencillos tratamientos corporales hasta rituales de curación, tratamientos de restauración y terapias holísticas.

El mensaje del spa está centrado en alcanzar armonía, equilibrio y tranquilidad a partir del lema: "disfrute de un oasis en el corazón de Buenos Aires". Quienes no puedan disfrutar del espacio público verde, estos sitios ofrecen una sensación de contacto con lo natural a partir de una atmósfera y estética similar diseñados artificialmente. Además estos lugares interpretan perfectamente el clima de época:

---

12 Spa es el nombre de una ciudad belga que, en tiempos romanos, era muy popular por sus baños de aguas termales. Se cree que la acepción actual del término está vinculada a la historia de esta localidad europea. Existe otra versión que explica el significado del término: SPA es una sigla que procedería de la expresión del latín *salus per aquam* (que puede traducirse como "salud a través del agua"). Dicha sigla se habría convertido en el acrónimo spa. En la actualidad, se entiende que un spa es un establecimiento que permite la realización de terapias con el uso de agua. Suele tratarse de centros de salud, descanso y recreación que cuentan con diversos tipos de piscinas, saunas, hidromasajes y jacuzzis. [Fuente: http://definicion.de/spa/].

placer –en contraposición a los logros mediante el sacrificio físico– y la necesidad de neutralizar el caos urbano y las exigencias sociales diarias.

Como rasgo común el vasto sector de los servicios médico y estéticos, al igual que el mercado de consumo light, mantiene una estrategia comercial basada en la oferta de planes personalizados que incluye una sofisticada aparatología laser. De este modo, se aseguran acaparar distintos niveles de ingresos y rangos etarios, mujeres y varones, de acuerdo con sus gustos e intereses particulares. Y finalmente, los equipos de trabajo son heterogéneos, el personal suele estar integrado por profesionales de diversas ramas de la salud y con distinto nivel de estudios: médicos clínicos, kinesiólogos, dermatólogos, nutricionistas, deportólogos, masajistas, cosmiatras y esteticistas –precisamente, las ocupaciones de los intermediarios culturales, desarrolladas en el Capítulo 3–.

Finalmente, como se expuso en el Capítulo 1, uno de los rasgos fundamentales de la modernidad tardía es el papel otorgado a la imagen. Hoy el ethos hedonista se expresa intentando reconciliar la distracción, el ideal, el placer y el corazón siendo el principio rector de conducta el "goce de las pasiones egoístas y de los vicios privados" (Lipovetsky 1994). Esto se vincula con la creencia de que no es necesario sacrificarse para lucir según los ideales de belleza actuales y sentirse saludable, por eso el éxito de estas nuevas disciplinas y terapias alternativas que logran simplificar la tarea de "sentirse bien" interpretando perfectamente el clima de época.

Observaciones finales

En la introducción se mencionó que el objetivo de este trabajo de investigación es explorar el estilo de vida light, indagando en las representaciones sociales y prácticas de consumo de las nuevas clases medias –posiciones renovadas–. Se explicitó cómo este sector se evidencia precursor en el cuidado de su cuerpo, congruente con los procesos de estilización de la vida cotidiana. Para llevar adelante la tarea de exploración en campo, se consideró que estudiar los estilos de vida involucra dos ejes desde donde abordárselos. Un eje implica considerar las creencias y los valores que el sujeto que porta un estilo de vida light mantiene presentes en su mente como una suerte de guía de acción que prescriben su conducta. Se propuso entonces abordar las representaciones sociales respecto del *gusto legítimo* como sistema de disposiciones en contextos de fragmentación, reposicionamiento e individualización social [Capítulo 4]. Un segundo eje plantea que dichos imaginarios se manifiestan en experiencias concretas: en hábitos y patrones de consumo que cristalizan los ideales estéticos de las posiciones sociales renovadas. En este sentido, se hizo un recorrido por el mercado de consumo light evidenciando bienes y servicios, y en las estrategias publicitarias y mediáticas que actúan como vehículo de asociaciones y evocaciones respecto del estilo de vida light [Capítulo 5].

Durante la época en que tuvo lugar la consolidación de la sociedad industrial en la primera mitad del siglo XX, la idea de *calidad de vida* estuvo asociada a valores materiales que podían identificarse estadísticamente, por ejemplo: la vivienda, el hacinamiento y la red de servicios. Sin embargo, la sociedad posindustrial le agrega un plus simbólico al concepto, a partir de valores posmateriales que denotan una sensibilidad tal que capacita a los sujetos para una hermenéutica de la *nueva buena vida*. Esta idea de vida saludable ancla su significado en ideales centrados en la revaloración estética.

En la transmisión de estos valores están involucrados los intermediarios culturales, facilitadores por excelencia, quienes educan y legitiman el discurso de la vida saludable, introduciendo conceptos y divulgando saberes prácticos. Se evidencia entonces, cómo esta imaginería light forma concretas *estructuras sociales incorporadas* (Bourdieu 1991) logrando un efecto de naturalización a partir del proceso que oculta la construcción social de la realidad y las tensiones en su interior. Justamente, el rol que desempeñan los nuevos intermediarios, en tanto productores y difusores de bienes y servicios simbólicos, radica en comunicar y propagar arquetipos estéticos legitimando el buen gusto anclado en la exaltación del cuerpo y el bienestar del organismo. A través del discurso publicitario, las redes sociales y los medios en general hacen hincapié en que estar sano y lucir saludable es un valor al alcance de todos, de modo que las nociones de cuidado de la salud y calidad de vida toman una dimensión democratizadora. En rigor, la creciente propagación de información se da en un contexto global, en el cual el mundo atraviesa una transición desde una sociedad que giraba en torno al trabajo como fuerza y valor hacia una sociedad del conocimiento, cuyo núcleo es la información y la capacidad para producirla y manejarla. Esta transformación es impulsada fundamentalmente por los cambios ocurridos en el plano de la tecno-economía –las transnacionales, los científicos y los profesionales de la información–. Sin embargo, no se trata sólo de bienes informacionales sino de una economía de signos la que está en juego y que abre paso a una reflexividad ya no meramente cognitiva sino estética, creadora de un nuevo ethos y de un individualismo expresivo sin precedentes (Lash 1997).

Por otra parte, las complejas divisiones en la *sociedad de consumidores* (Bauman 2003) instauran estilos de vida, que si bien siempre estuvieron relacionados con las modas y tendencias, en la actualidad se convierten en un factor decisivo respecto de las representaciones sociales, al hacer-mundo y pertenencia social de los sujetos. Cabe señalar que el estilo de vida posee dos aristas: por un lado, se entrelaza con las aspiraciones y ansiedades, y por otro, el estilo es un elemento significativo del poder porque está inextricable-mente enlazado con la estructura de la vida social, política y económica, "es el producto de una vasta red de industrias sin fisuras" (Ewen 1993:39-40). En este sentido, este trabajo evidenció el modo en que la industria de lo light fomenta y explota la preocupación del sujeto por su organismo. Se expande notablemente cierta oferta y demanda de dimen-siones simbólicas fundadas en valores posmateriales que el mercado light materializa a partir de la noción de calidad de vida y vida saludable. Sin duda, se trata de una econo-mía de signos que recrea este clima de época motivando la reflexión estética de los individuos aglutinados en centros comunes de interés. Los sujetos agrupados por su capacidad de consumo quedan necesariamente encerrados en *espacios de significación reflexivos* que retroalimentan con sus prácti-cas y representaciones.

En otro orden de cosas, el compromiso que el sujeto asume en la elección del estilo de vida light muestra cómo opera el proceso de individualización y de qué modo la combinatoria de beneficios y renunciamientos al dejar "los viejos malos hábitos" operan como una apuesta personal. Si bien la creciente individualización ubica al sujeto "a la deriva" ante el debilitamiento institucional (Sennett 2000), al mismo tiempo lo impulsa a tomar iniciativas propias y a hacerse responsable por su salud y estética corporal confi-gurando un proyecto de vida personal en donde la reflexión estética se impone. El sujeto light asume la responsabilidad sobre su salud y estado físico: está convencido que mejorar su alimentación, realizar ejercicio y consultar a profesiona-les optimizarán su calidad de vida y le permitirá perpetuar-se en un deseado estado de juventud. De hecho, *ser joven* hoy es un estilo, un conjunto de elecciones, una trayectoria, una postura ante la vida. En rigor, se trata de percibir al destino como fracaso o éxito personal, de modo que personalizar los riesgos evidencia cómo lo propio del sistema se desplaza ahora al individuo.

Uno de los enfoques teóricos que adquirió centralidad en el debate sociológico es aquel que asume como premisa de análisis la creciente autonomía. Actualmente, el individuo debe interpretar su propio pasado, fundamentar sus opciones, elegir cómo ser y cómo actuar, para de esa manera ir construyendo reflexivamente su propia identidad. A partir de lo dicho y de lo investigado en este trabajo, cabe preguntarse si el sujeto contemporáneo es realmente autónomo o si está condicionado a inclinarse ante hábitos determinados que conformarían una "vida no contaminada". ¿La actual es una sociedad realmente flexible en contraposición de la sociedad disciplinaria de Foucault? Si bien es cierto que los medios de encauzamiento de la sociedad industrial cambiaron, ¿podría sugerirse la existencia de nuevos modos de normalización centrados en valores estéticos cuya intención es encauzar la conducta individual hacia prácticas colectivas consideradas saludables? En síntesis, el incremento de la soberanía en los sujetos, quienes con un aumento en las opciones disponibles eligen al mismo tiempo que son responsabilizados por sus decisiones, es indudable. No obstante, resulta clave profundizar si la cultura light es un ejemplo paradigmático de la tensión entre la idea de *autoconstrucción* –en función de la elección de modos de vivir propios– y la *exigencia* respecto de modelos culturales vigentes.

Referencias bibliográficas

Adorno, Theodor. ([1970]1983). *Teoría estética*. 3ª ed. Madrid: Orbis.

Adorno, Theodor y Max Horkheimer. ([1944; 1947] 2002). *Dialéctica del iluminismo*. Madrid: Editorial Nacional.

Álvarez Souza, Antonio. (1996). "El constructivismo estructuralista: La teoría de las clases sociales de Pierre Bourdieu". *REIS* (nro. 75, pp. 14-172) [en línea https://goo.gl/Txqose].

Arens, William. (2000). *Publicidad*. México: Mc Graw Hill.

Arizaga, Cecilia (2003). "Ciudad y usos del espacio en los jóvenes: el consumo juvenil desde dos escenarios urbanos" en Wortman, A. (Comp.). *Pensar las clases medias. Consumos culturales y estilos de vida urbanos en la Argentina de los noventa*. Buenos Aires: La Crujía.

—. (2004a). "Sobre gustos no hay nada escrito: gusto legítimo y autenticidad en el mercado de la casa" en Wortman, A. (Comp.) *Imágenes publicitarias / Nuevos burgueses*. Buenos Aires: Prometeo.

—. (2004b). "¿Continuidades o rupturas? Los modelos culturales de la burguesía". *Revista Debate*. Buenos Aires, 9 de julio (pp. 34-36).

—. (2004c). "Cambios profundos en los modelos sociales del mundo laboral. La nueva ética del trabajo". *Revista Debate*. Buenos Aires, 26 de noviembre (pp. 38-40).

—. (2005). *El mito de comunidad en la ciudad mundializada. Estilos de vida y nuevas clases medias en urbanizaciones cerradas*. Buenos Aires: El cielo por asalto.

Augé, Marc. (2005). *Los no lugares. Espacios del anonimato*. Barcelona: Gedisa.

Baudrillard, Jean. (1993). *Cultura y Simulacro*. Barcelona: Editorial Kairos.

—. (1997). *Crítica de la economía política del signo.* México: Siglo XXI.

Bauman, Zygmunt. (1999). *La globalización. Consecuencias humanas.* Buenos Aires: FCE.

—. (2002). *Modernidad líquida.* Buenos Aires: FCE.

—. (2003). *Trabajo, consumismo y nuevos pobres.* Barcelona: Gedisa.

Beck Ulrich. (1996). "Teoría de la Sociedad del Riesgo" en Josetxo B. (Comp.) *Las consecuencias perversas de la modernidad.* Barcelona: Anthropos.

—. (1999). (Comp). *Hijos de la libertad.* Buenos Aires: FCE.

Beck Ulrich, Giddens Anthony y Lash Scott. (1997). *Modernización reflexiva. Política, tradición y estética en el orden social moderno.* Madrid: Alianza.

Bell, Daniel. (1977). *Las contradicciones culturales del capitalismo.* México: Alianza.

—. (1994). *El advenimiento de la sociedad post-industrial.* Madrid: Alianza.

Benjamin, Walter. (2008). "La obra de arte en la época de su reproductibilidad técnica" en *Obras*, libro I, Vol. 2. Madrid: Abada Editores.

Berger, Peter y Luckmann Thomas. (2001). La construcción social de la realidad. Buenos Aires: Amorrortu.

Bericat, Eduardo. (1998). *La integración de los métodos cuantitativo y cualitativo en la investigación social.* Barcelona: Ariel.

Billorou, Oscar. (2001). *Introducción a la publicidad.* Buenos Aires: Ediciones El Ateneo.

Bourdieu, Pierre. (1988). "Espacio social y poder simbólico" en *Cosas dichas.* Buenos Aires: Gedisa.

—. (1991). "Estructuras, habitus y prácticas" en *El sentido práctico.* Madrid: Taurus.

—. (2006). *La distinción. Criterio y bases sociales del gusto.* Madrid: Taurus.

Campbell, Colín. (1996). "El deseo de lo nuevo. Su naturaleza y localización social tal como se presentan en las teorías de la moda y del consumismo moderno" en Silverstone, R. y Hirsch, E. (Eds.). *Los efectos de la nueva comunicación*. Barcelona: Bosch.

Castoriadis, Cornelius. (2002). "La insignificancia y la imaginación". Diálogos con Daniel Mermet, Octavio Paz, Alain Finkielkraut, Jean-Luc Donnet, Francisco Varela y Alain Connes. Madrid: Trotta.

Colón Zayas, Edwin. (2001). *Publicidad y hegemonía: matrices discursivos*. Buenos Aires: Norma.

Corcuff, Philippe. (2010). "Los procesos de individualización en Ciencias Sociales. Debate con el Dr. Philippe Corcuff en el Seminario Permanente de Cultura y Representaciones Sociales". *Cultura y Representaciones Sociales*. México (año 4, nro. 8) [en línea https://goo.gl/VTVgLJ].

Crompton, Rosemary. (1994). *Clase y estratificación. Una introducción a los debates actuales*. Madrid: Tecnos.

De Certeau, Michel. (1996). *La Invención de lo Cotidiano I. Artes de Hacer*. México: Universidad Iberoamericana.

Douglas, Mary y Isherwood, Baron. (1990). *El Mundo de los Bienes. Hacia una antropología del consumo*. México: Editorial Grijalbo.

Duek, Celia e Inda, Graciela. (2006). "La teoría de la estratificación social de Weber: un análisis crítico". *Revista Austral de Ciencias Sociales* (nro. 11, pp. 05-24) [en línea https://goo.gl/VlZZXS].

Elías, Norbert. (1982). *La sociedad cortesana*. México: FCE.

— . (1987). *El proceso de la civilización*. España: FCE.

Enriquez Riutor, Luis. (2016). "Fetichismo de la subjetividad: individualización, malestar y consumo". Facultad de Ciencias Políticas y Sociología. Universidad Complutense de Madrid [en línea https://goo.gl/2G5BDU].

Ewen, Stuart. (1993). *Todas las imágenes del consumismo: la política del estilo en la cultura contemporánea*. México: Grijalbo.

Featherstone, Mike. (1982). "The body in the Consumer Culture". *Theory, Culture & Society* (vol. 1 issue 2 pp. 18-33) [en línea https://goo.gl/26MPC5].

—. (1987). "Lifestyle and Consumer Culture". *Theory, Culture & Society* (vol. 4, issue 1, pp. 55-70) [en línea https://goo.gl/aW0xWS].

—. (2000). *Cultura de consumo y posmodernismo*. Buenos Aires: Amorrortu.

Featherstone, Mike y Hepworth, Mike. (1983). "The Midlifestyle of 'George and Lynne': Notes on a Popular Strip". *Theory, Culture & Society* (vol. 1, issue 3, pp. 85-92) [en línea https://goo.gl/XQy2R0].

Foucault, Michel. (2004). *Vigilar y castigar*. Buenos Aires: Siglo XXI.

Giddens, Anthony. (1991). "Trabajando en Sociología: Métodos de Investigación" en *Sociología*. Madrid: Editorial Alianza.

—. (1993). *Consecuencias de la modernidad*. Madrid: Alianza.

—. (1996a). *Más allá de la izquierda y la derecha*. Madrid: Cátedra.

—. (1996b). *La estructura de clases en las sociedades avanzadas*. Madrid: Alianza Editorial.

Goffman, Erving. (1991). *Los momentos y sus hombres*. Buenos Aires: Paidós.

—. (1994). *La presentación de la persona en la vida cotidiana*. Buenos Aires: Amorrortu.

Gramsci, Antonio. (1981). "Americanismo y fordismo" [Cuaderno 10 (XXXIII) 1932-1935] en *Cuadernos de la cárcel*. Mexico: Ediciones Era.

Hall, Stuart. (1984). "Notas sobre la deconstrucción de lo popular" en Samuel, R. (Ed.). Historia popular y teoría socialista. Barcelona: Crítica.

—. (1993). "Los nuevos tiempos" en Delfino, S. *La Mirada Oblicua*. Buenos Aires: La Marca.

Harvey, David. (1998). *La condición de la posmodernidad. Investigación sobre los orígenes del cambio cultura*. Buenos Aires: Amorrortu.

Hernández Sampieri, Roberto. (1996). *Metodología de la Investigación*. México: Mc Graw Hill.

Jameson, Fredic. (1991a). *El posmodernismo o la lógica cultural del capitalismo avanzado*. Barcelona: Paidós.

—. (1991b). *Ensayos sobre posmodernismo*. Buenos Aires: Ediciones Imago Mundi.

—. (2002). *El giro cultural. Escritos seleccionados sobre el posmodernismo 1938-1998*. Buenos Aires: Manantial.

Jodelet, Denise. (1993). "La representación social: fenómeno, concepto y teoría" en Moscovici S. *Psicología social*. Tomo II. Pensamiento y vida social. Psicología social y problemas sociales. México: Paidós.

Klein, Naomi. (2001). *No logo. El poder de las marcas*. Buenos Aires: Paidós.

Lasch, Christopher. (1999). *La cultura del narcisismo*. Buenos Aires: Andrés Bello.

Lash, Scott. (1990). *Sociología del posmodernismo*. Buenos Aires: Amorrortu.

Lash, Scott y Urry, John. (1998). *Economía de signos y espacio*. Buenos Aires: Amorrortu.

León, Maru. (2002). "Representaciones sociales: actitudes, creencias, comunicación y creencia social" en Morales; et. al. *Psicología Social*. Buenos Aires: Prentice Hall.

Lipovetsky, Gilles. (1994). *El imperio de lo efímero*. Barcelona: Anagrama.

—. (1996). *La era del vacío. Ensayos sobre el individualismo contemporáneo*. Barcelona: Anagrama.

Mafud, Julio. (1985). *Sociología de la clase media argentina*. Buenos Aires: Distal.

Margulis, Mario y Urresti, Marcelo. (1996). "Moda y juventud" en Margulis, M. (Comp.). *La juventud es más que una palabra*. Buenos Aires: Biblos.

Marx, Karl. (1970). *Contribución a la crítica de la economía política*. Buenos Aires: Ediciones Estudio.

—. (1979). "El carácter fetichista de la mercancía y su secreto" (tomo 1, capítulo 1) en *El Capital*. México: FCE.

Marx, Karl y Engels, Friedrich (1972). *Correspondencia*. Buenos Aires: Cartago.

Molinari, Viviana. (2004). "Juventud y publicidad. Asoc." en Wortman, A. (Comp.). *Imágenes publicitarias / Nuevos burgueses*. Buenos Aires: Prometeo.

Moscovici, Sergei. (1993). *Psicología Social*. Tomo II. Pensamiento y Vida Social. Psicología Social y Problemas Sociales. México: Paidós.

Oropeza, Mariano. (2003). "Un barrio a la carta. Un ensayo sobre estilos de vida y ciudad en un caso" en Wortman, A. (Comp.). *Pensar las clases medias. Consumos culturales y estilos de vida urbanos en la Argentina de los noventa*. Buenos Aires: La Crujía.

Ortiz, Renato. (1994). *Mundialización y cultura*. Buenos Aires: Alianza.

Piccini, Mabel. (1999). "Territorio, comunicación e identidad. Apuntes sobre vida urbana" en Carrión F. y Wollrad, D. (Comp.). *La ciudad. Escenario de comunicación*. Quito: FLACSO.

Ravettino Destefanis, Alejandra Jimena. (2008). "El estilo de vida light. Hábitos y patrones de consumo." *Revista Científica de la Universidad de Ciencias Empresariales y Sociales*, Buenos Aires (vol. 12, nro. 1, pp. 103-117) [en línea https://goo.gl/UdtsIO].

Reich, Robert. (1993). *El trabajo de las naciones*. Barcelona: Vergara.

Santesmases Mestre, Miguel. (2000). *Marketing. Conceptos y estrategias*. Madrid: Pirámide.

Sarlo, Beatriz. (1994). *Escenas de la vida posmoderna: intelectuales, arte y videocultura en Argentina*. Buenos Aires: Ariel.

Sautu, Ruth. (2003). *Todo es teoría. Objetivos y métodos de investigación*. Buenos Aires: Ediciones Lumiere.

Sebreli, Juan José. (1985). *La saga de los Anchorena*. Buenos Aires: Sudamericana.

Sennett, Richard. (1980). *Narcisismo y cultura moderna*. Buenos Aires: Kairós.

—. (2000). *La corrosión del carácter. Las consecuencias personales del trabajo en el nuevo capitalismo*. Barcelona: Anagrama.

Silverstone, Roger. (1996). *Televisión y vida cotidiana*. Buenos Aires: Amorrortu.

Simmel, George. (1977). *Filosofía del dinero*. Madrid: Instituto de Estudios Políticos.

— . (1986). *El individuo y la libertad,* Barcelona: Península.

—. (2002). *Sobre la individualidad y las formas sociales*. Buenos Aires: Universidad Nacional de Quilmes.

—. (2002*). Cuestiones fundamentales de sociología*. Barcelona: Gedisa.

Taccetta, Natalia. (2009). "El fin de la historia y la subjetividad posmoderna" en Primeras Jornadas Internacionales de Hermenéutica, Buenos Aires [en línea https://goo.gl/JKalr6].

Valenzuela, Alfonso; et. al. (2014). "Alimentos funcionales, nutraceúticos y foshu: ¿vamos hacia un nuevo concepto de alimentación?". *Revista Chilena de Nutrición* (vol. 41, nro. 2, pp.198-204) [en línea https://goo.gl/HxutlI]

Valles, Miguel. (1997). *Técnicas cualitativas de investigación social*. Madrid: Editorial Síntesis.

Weber, Max. ([1922]1944). *Economía y sociedad*. Buenos Aires: FCE.

—. (1946) "Class, status, party" en R. Bendix and S. M. Lipset (Eds.) *Class, Status and Power: A Reader in Social Stratification*, pp. 63-75. Glencoe, IL: Free Press.

— . (1990). "Sobre algunas categorías de la sociología comprensiva" en *Ensayos sobre metodología sociológica*. Buenos Aires: Amorrortu.

— . (2003). *Obras selectas*. Buenos Aires: Distal.

Williams, Raymond. (1978). *Los medios de comunicación social*. 3ª ed. Barcelona: Península.

—. (2000). *Marxismo y literatura*. 2ª ed. Barcelona: Península.

—. (2001). *Cultura y sociedad. 1780-1950. De Coleridge a Orwell*. [1975]. Buenos Aires: Nueva Visión.

Wouters, Cas. (1986). "Formalization and Informalization: Changing Tension Balances in Civilizing Processes". *Theory, Culture & Society* (vol. 3, issue 2, pp. 1-18) [en línea https://goo.gl/AQgGhZ].

Yonnet, Paul. (1988). *Juegos, modas y masas*. Barcelona: Gedisa.

Zabludovsky Kuper, Gina. (2013). "El concepto de individualización en la sociología clásica y contemporánea." *Política y Cultura*, México (nro.39, pp. 229-248) [en línea https://goo.gl/6o1MUE].

Zukin, Sharon. (1998). "Urban Lifestyles: Diversity and Standardisation in Spaces of Consumption". *Theory, Culture & Society* (vol. 35, issue 5-6, pp. 825-839) [en línea https://goo.gl/m4Vzto].

Sitios y artículos consultados

Casanova, Delfina. 8 nuevas disciplinas del mundo fitness que probablemente no conocías. 13-Ene-2017 [en línea https://goo.gl/CJ8uiZ].

Elustondo, Georgina. "Cada vez hay más alimentos que ayudan a prevenir enfermedades". *Clarin*. 14-Abr-2006 [en línea https://goo.gl/olXCYE].

"El consumo de aguas saborizadas crece cerca del 20 por ciento". *Telam*. 06-Abr-2013 [en línea https://goo.gl/6fzjS3].

"Indican que el 31% de la población consume productos light". *Revista Énfasis*. 15-Nov-2012 [en línea https://goo.gl/qfSnfZ].

"Los hábitos de consumo de los argentinos". *Infobae*. 22-Sep-2015 [en línea https://goo.gl/YCLmOY].

Las cinco disciplinas del fitness que son furor. *Infobae*. 16-Sep-2013 [en línea https://goo.gl/JSxXZn].

Luna, Mauricio. "¿Cuáles son las bebidas sin alcohol que más consumen los argentinos?". *Infobae.* 20-Ene-2016 [en línea https://goo.gl/ADA1Mf].

Mercado Fitness. 12° Expo & Conferencias 2016, en Buenos Aires, Argentina. Agenda [en línea https://goo.gl/kWt-Hi3].

"Productos light". *Actualidad en supermercados.* 15-Abr-2015 [en línea https://goo.gl/T7cwNb].

Kantar Worldpanel. "Impulsando decisiones conscientes en los consumidores". 22-Sep-2016 [en línea https://goo.gl/cY9aGR].

SANCOR (2005). "Décimo aniversario de Leche Bio. Un logro nacional de relevancia internacional." *Revista SanCor* (nro. 656) [en línea https://goo.gl/eBXG7p].

Apéndice metodológico

Notas acerca del diseño de la investigación

Este trabajo reconoce que el análisis de comportamientos, creencias, valores, orientaciones e interpretaciones cotidianas de los sujetos requiere pensar al fenómeno que se investiga como un proceso microsocial (Sautú 2003). Justamente la cultura light es abordada de este modo por involucrar pequeños grupos cuyo estilo de vida los distingue de otros dentro de la sociedad: construyen significados simbólicos y modos de comportamiento a partir de representaciones propias. Por tanto, esta investigación es de tipo cualitativa, se configura a partir de un enfoque exploratorio y sostiene un alcance descriptivo de los datos obtenidos.

En función de los objetivos planteados, este estudio propone *principalmente* abordar al fenómeno en términos de *acción social* porque interpreta la creación de significados mediante los cuales los individuos construyen su cotidianeidad a partir de los imaginarios sociales que circulan en la cultura light, y del *sentido* que ellos mismos le otorgan a sus prácticas; y precisamente, en función de ello, durante el trabajo de campo se utilizaron las técnicas propias del enfoque cualitativo: grupos focales y entrevistas. No obstante, también la investigación pretendía registrar las pautas de comportamiento y patrones de consumo de dicho recorte de la realidad, prestando atención a ciertos aspectos de la *estructura social*.

Respecto de las técnicas de recolección de datos, se implementó la estrategia de triangulación. Como señala Bericat, los métodos utilizados en la investigación se

orientan al cumplimiento de un mismo propósito de investigación o, dicho de otro modo, se organizan para la captura
de un mismo objeto de la realidad social. Con esta estrategia
se pretende ante todo, reforzar la validez de los resultados
(1998:111). En este sentido, además de los grupos focales se
pautaron entrevistas a informantes calificados.

Acerca de la acción social. El punto de partida para
una comprensión sociológica de *lo social* es el concepto
de *acción social* como generadora del hecho social (Weber
([1922]1944). *Acción* es aquella conducta humana a la que
el actor enlaza un sentido subjetivo, distinguiéndose de la
conducta puramente reactiva por tener para el sujeto de la
acción un significado u orientación significativa. La *acción
social* no es la acción homogénea de muchos, puede ser una
acción individual, tiene la particularidad de estar dirigida
a la acción de otros, de estar orientada por las acciones de
otros: la acción de un individuo es social cuando éste considera el comportamiento pasado, presente o futuro –espe-
rado– de otro/s sujeto/s.

En la medida en que está asociada a motivos, intenciones o significados conferidos por el actor, la acción puede
ser, a diferencia del objeto de las ciencias naturales, "com-
prendida", y esta comprensión o interpretación del sentido
de la acción es la base de la explicación causal de lo social.
Si explicar causalmente lo social presupone la comprensión
de los motivos de la acción no es sino porque desde esta
perspectiva los colectivos sociales se reducen en última instancia a las acciones de los individuos. En otras palabras,
la acción, orientada por su sentido, sólo existe para Weber
"como conducta de una o varias personas *individuales*".

Cabe mencionar que este punto de vista "individualista" está presente en un artículo temprano, "Sobre algunas
categorías de la sociología comprensiva" ([1913]1990), en
el que señala:

La sociología comprensiva trata al individuo aislado y a su obrar como la unidad última, como su 'átomo', si es que se nos admite esta peligrosa comparación. [...] El individuo constituye, para ese modo de consideración, el límite y el único portador del comportamiento provisto de sentido (Weber 1990: 187).

En su clara intensión por no reificar, Weber remite todo al actor y su comportamiento como individuo, de tal modo que finalmente, en esta lógica de pensamiento, el hecho social no existe fuera de la subjetividad individual que lo constituye. La *relación social*, al ser definida como probabilidad de una conducta de dos o más actores recíprocamente orientada, se deriva lógicamente de la acción. Los conceptos de grupo, colectividad, asociación, no tienen ninguna substancia específica: remiten a realidades que no pueden ser pensadas más que como extensión o desarrollo de lo individual y particular. El grupo como tal no posee una existencia "real"; es sólo un conglomerado de individuos o de actos individuales.

Técnicas de recolección de datos

Grupos focales

Los grupos focales representan una adecuada técnica de recolección de datos ya que evidencian efectividad en la indagación de aspectos intersubjetivos permitiendo que ciertos miembros del grupo actúen como detonantes del inconsciente colectivo, pudiendo indagar valores, creencias e imágenes compartidas. Según Valles, la interacción grupal que los grupos focales proveen se debe a las respuestas espontáneas y menos comprometidas con el *deber ser* experimentándose cierta interacción natural mediante el estímulo que el grupo ejerce sobre los sujetos (1997:304).

Respecto de la dinámica, esta técnica implica una discusión abierta entre un grupo de personas especialmente seleccionadas sobre un tema específico, dirigida por un moderador. En este sentido, se procuró permitir la discusión libre entre los participantes e introducir preguntas que orientasen las intervenciones y generasen nuevas preguntas o aspectos sobre la temática. Se prestó atención no sólo a las palabras sino a los gestos u otro tipo de manifestación de reacción de los participantes.

La técnica del grupo focal se fundamenta en los conceptos de *grupo social* y de *dinámica de los grupos* permitiendo recabar un número elevado de datos cualitativos pertinentes no constituyéndose en ningún caso una suma de opiniones individuales. Por el contrario, se incita a los participantes a compartir y discutir sus opiniones y sentimientos de manera que eluciden diferencias y profundicen argumentos. En suma, los participantes deben interactuar, intercambiar e influir uno sobre el otro durante la discusión. Cabe señalar que en esta investigación –como frecuentemente ocurre– no todos los participantes dieron respuesta a todas las preguntas formuladas, pero sí todos tuvieron la posibilidad de hacerlo. Incluso fueron invitados a traducir en respuesta su aprobación o desaprobación de la opinión de otros.

Perfil del participante

En tanto consumidor, se tuvo en cuenta al sujeto que invierte parte de sus ingresos en bienes y servicios simbólicos –la compra de bienes involucra tanto los productos de consumo masivo como los bienes culturales y simbólicos–. Se buscó al sujeto que preocupado por su alimentación, que consume productos reducidos en calorías, energizantes, "saludables"; y también aquel que compra revistas especializadas en materia de salud y medicina preventiva, libros del tipo de autoayuda o se dedica a la lectura de sitios específicos en Internet. También se examinó el consumo de servicios; y en este sentido, se hizo foco en el sujeto que práctica deportes, asiste a centros de estética, incursiona en nuevas disciplinas corporales, y visita con frecuencia a especialistas y terapeutas, entre otras actividades. Se trata de individuos que conocen la composición de los alimentos y por tal motivo seleccionan con rigurosidad aquello que ingieren manejando un vocabulario propio del ámbito medicinal. Asimismo, asisten al gimnasio porque saben que el deporte es elemental para sentirse "saludable", y siguen al pie de la letra la combinación que se les inculca como perfecta: "alimentación sana más deporte". Además los controles y chequeos médicos se vuelven frecuentes. Se trata entonces de nuevos conocedores del cuerpo humano que dedican tiempo y recursos a su bienestar, y despliegan toda una simbología de la prevención en pos de una mejor calidad de vida.

Como es previsible en metodologías cualitativas, la muestra para conformar los grupos focales es no probabilística e intencional, de modo que *los resultados de este trabajo de investigación de ningún modo puede generalizarse* ni proyectarse a la población de la cual la muestra proviene; sin embargo, los datos obtenidos resultan un insumo clave para comprender aspectos significativos de la cultura light. Para reclutar a los participantes se establecieron unos primeros contactos y luego se reforzó con la técnica de bola de nieve.

Se conformaron entonces cuatro grupos focales a partir de las combinaciones de las categorías género y edad:

- mujeres de entre 25 y 35 años
- mujeres de entre 36 y 45 años
- varones de entre 25 y 35 años
- varones de entre 36 y 45 años

Las cohortes etarias se pensaron en función de los diferentes ciclos vitales de la adultez, estimándose que el aporte de cada grupo sería diferente y enriquecería el estudio. Por otra parte, como el trabajo centra su atención en las nuevas clases medias se tuvo en cuenta indicadores precisos basados en los capitales económico, social, educativo y cultural. Resta mencionar que cada grupo es homogéneo al interior respondiendo al mismo ciclo de vida y características socioculturales, y heterogéneo con respecto a los otros grupos.

Respecto del instrumento de recolección de datos, si bien la guía de pautas se aplicó en las cuatro sesiones, cada una presentó singularidades que hicieron que el rumbo de la discusión tome diversas direcciones –algunas relevantes a los fines y otras no tanto–, por tanto el rol moderador es clave porque debe timonear dichas circunstancias.

GUÍA DE PAUTAS

Presentación común para los grupos: *"Los reuní para conversar acerca de sus creencias sobre algunos temas. Voy a actuar como moderadora y la intención es que participe lo menos posible, porque la idea es escucharlos a ustedes. Les pido que hablen sin ningún tipo de inhibición, pero tratando de no superponerse así podemos escucharnos."*

Perfil del integrante. Este eje permite corroborar si la elección del sujeto para conformar la muestra efectivamente responde al perfil sociocultural de la población de estudio. Se les pidió que se presentasen indicando edad, nivel de estudios y ocupación, y luego se formularon preguntas:

Motivaciones:

- ¿Qué les gusta hacer en su tiempo libre?
- ¿Cuáles son las actividades que disfrutan hacer cuando no están trabajando?
- ¿Qué temas son de su interés? ¿Cuáles los inquietan?

Aspiraciones:

- ¿Cómo se ven dentro de 10 o 15 años? ¿En qué situación?
- ¿Cuáles son sus principales anhelos?

Percepciones acerca del estilo de vida light. Este eje explora las representaciones sociales que circulan en la cultura light. En este sentido, se intentó indagar por medio de preguntas que requieren la propia definición de conceptos, los imaginarios sociales propios del estilo de vida light.

- ¿Qué les sugieren los términos "cuidado de la salud" y "estar en forma"?
- ¿Qué les sugiere la siguiente frase: *"La calidad de vida se asocia con el tratamiento y la prevención de enfermedades"*?
- ¿Cómo creen que se articula este concepto con la sociedad actual?
- ¿Notan diferencias acerca de cómo es tratado el tema "salud" en los medios con respecto a décadas pasadas?

Hábitos y patrones de consumo. La intención de este eje es conocer el habitus del grupo en función del estilo de vida light que se presume llevan. Es decir, se intentó conocer cuáles son las costumbres ligadas al cuidado de la salud y estética personal. De manera muy precisa y directa se les preguntó qué cuidados le brindan a su organismo; en este sentido, se buscó conocer pautas y patrones de consumo tanto masivo como cultural, y además a cuáles servicios acuden en función de una mejor calidad de vida.

- ¿Les preocupa el paso del tiempo? ¿Qué hacen en función de ello?
- ¿Les preocupa su salud? ¿Cómo se ocupan de ella?
- ¿Qué importancia le otorgan a su cuerpo? ¿Cómo lo cuidan?
- ¿Se ocupan de la alimentación? ¿Seleccionan los alimentos? ¿Qué comen? ¿Dónde los compran?
- ¿Planifican las compras? ¿Prevén el tiempo que les dedicarán? ¿Cuánto tiempo pasan dentro del comercio?
- ¿Hacen actividad física? ¿Con qué frecuencia? ¿Cuánto tiempo hace que la practican? ¿Qué los impulsó a tomar ese hábito? ¿Cómo describirían a la disciplina / técnica que realizan?

- ¿Cómo repercute en ustedes la alimentación que llevan y la actividad física que practican?
- ¿Qué cambios notan desde que llevan un cuidado más riguroso de su organismo?
- ¿Cómo se informan acerca de los temas de salud y estética? ¿Cuáles son sus fuentes? ¿Cómo creen que inciden los medios en la propagación de información acerca de la salud?

Apropiación del discurso publicitario: Para este eje de análisis se utilizaron como disparador de debate publicidades gráficas; se les pidió que contasen de manera espontánea qué les sugerían ciertos avisos. En este sentido, la intención fue que articulasen los imaginarios ligados al estilo de vida light con lo que las imágenes les transmitían en el momento en que les eran mostradas.

Vale mencionar que la elección de las gráficas fue pensada en función de la intencionalidad del aviso y según lo que en el trabajo de investigación buscaba: publicidades cargadas de información técnico-científica, avisos que impulsan al cambio de hábitos y tomar "desafíos" y la evocación aspiracional con la que el discurso publicitario tienta a las nuevas clases medias.

Entrevistas a informantes clave

En este sentido y con el objeto de profundizar el análisis, la primera técnica se trianguló con entrevistas individuales a informantes clave, para conocer la valoración que los nuevos intermediarios culturales tienen sobre su desempeño en la difusión de imaginería light.

Perfil del entrevistado

Como intermediarios culturales se analizó al sujeto implicado en las ocupaciones relacionadas con el control del cuerpo: están involucrados en actividades propias de la propagación de la imaginería light y la vida sana. Los integrantes del grupo suelen presentarse como expertos en alimentación, estética corporal, deportes, fitness y gimnasia; además se presentan como especialistas en terapias alternativas, psicoterapeutas, nutricionistas, sexólogos, esteticistas, consultores, entre otros oficios. Puede asociarse este grupo con las ocupaciones que implican presentación y representación, y por los sitios que aportan los bienes y servicios simbólicos que circulan en la industria light, mercados y centros comerciales específicos como herboristerías y dietéticas, gimnasios, consultorios no médicos y de estética corporal, entre otros espacios.

El nivel de estudios no fue un requisito indispensable para la selección; se priorizó que el sujeto esté especializado en aquellos bienes y servicios simbólicos que ofrece o sea consumidor de los mismos, sin necesidad de que haya obtenido título de grado o certificado académico alguno.

Con este perfil en mente, se contactaron y entrevistaron especialistas y profesionales dedicados a la producción de bienes y servicios propios de la industria light. Resultaron cinco entrevistas:

- un profesor de educación física
- una licenciada en nutrición
- un preparador físico e instructor de yoga
- una instructora de yoga, streching y pilates

Entendiendo que los intermediarios culturales desempeñan un papel de suma importancia en la educación del público en nuevos estilos y gustos comunicando qué comer y qué prácticas desarrollar, su testimonio resulta fundamental. Por tal motivo, el objetivo de las entrevistas a estos intermediarios culturales fue indagar la forma en que articulan, transmiten y difunden las experiencias propias de la cultura light, y examinar cómo se incorporan en las prácticas cotidianas las pedagogías de estas *nuevas formas de sensibilidad*.

GUÍA DE PAUTAS

Acerca de su ocupación: Este eje da cuenta del oficio, profesión u ocupación del intermediario y permiten corroborar que su actividad esté inmersa en el estilo de vida light.

- Motivos que lo acercaron a su ocupación
- Lugar donde se capacitó y características que tuvo la carrera
- Tipo y dinámica de sus tareas
- Descripción del perfil de las personas a las cuales brinda su servicio

Percepción acerca del estilo de vida light: Este eje explora acerca de las representaciones sociales propias de la cultura light desde la óptica de quienes median en la cultura de lo saludable y estético.

- Diferencias entre los conceptos "cuidar la salud" y "estar en forma".
- Qué le sugiere la siguiente frase: *"La calidad de vida se asocia con el tratamiento y la prevención de enfermedades"*. Qué entiende por "calidad de vida".
- De qué modo se articula este concepto con la sociedad actual.
- Percepción acerca del estilo de vida light.

Percepción sobre el sujeto inserto en la cultura light: Este eje pretende una descripción del sujeto que porta un estilo de vida light; en este sentido se explora directamente el habitus de éste desde la perspectiva del intermediario cultural.

- Características que presenta un individuo que porta este estilo de vida.
- Costumbres o hábitos de este sujeto.
- Aquello que compra y sitios a los que asiste.
- Intereses, motivaciones y expectativas de este sujeto.

Percepción asociada al rol de los medios e intermediarios culturales: Este eje indaga acerca del rol de los medios de comunicación y del mismo intermediario cultural en tanto difusores de la cultura de lo saludable y estético.

- Modos en los que inciden los medios masivos de comunicación en el sujeto de la cultura light.
- Formas en que el estilo de vida light se contacta con su actividad.
- Caracterización de su rol en tanto difusor de una *mejor calidad de vida*.
- En caso de considerarse un difusor de la calidad de vida, formas en que propaga ese mensaje.

Si bien la guía de pautas fue la misma en cada entrevista, la espontaneidad de la conversación cara a cara obligó a modificar e improvisar preguntas repentinas para un mejor aprovechamiento del testimonio. Por otra parte, al entrevistar a cada intermediario se hizo hincapié en diferentes cuestiones, según el interlocutor y la necesidad de ahondar en determinadas dimensiones de análisis. Por ejemplo, en la entrevista con el profesor de Educación Física, el objetivo primordial era indagar sobre el gimnasio como lugar de socialización así como el perfil del concurrente mediante una descripción según sexo y edad. Se hizo hincapié en examinar acerca de los imaginarios que circulan en el gimnasio, en tanto expectativas y motivaciones de quien concurre. En la entrevista a la instructora de yoga, el fin era indagar sobre el concepto que manejan sus clases y cómo se mezcla la filosofía oriental con las formas de vida occidentales. Además se preguntó sobre el perfil del concurrente mediante una descripción según sexo y edad ahondándose también en los imaginarios que circulan, las expectativas y motivaciones de quien consulta. Y finalmente, en el caso de la entrevista a la nutricionista se intentó sondear su opinión sobre la sociedad de consumo actual y cómo inciden los medios masivos en la legitimación de ciertos modelos sociales; además se tuvo en cuenta a la apariencia física y la imagen personal como símbolos y al cuerpo como signo.

Observaciones y conversaciones coincidentales

La técnica metodológica empleada para capturar el testimonio de dueños o responsables de venta de productos específicos y de quienes brindan servicios médico-estéticos fue la observación y conversación coincidental. Se visitaron espacios abiertos y públicos: gimnasios, clubes, centros médicos y de estética con el objetivo de explorar hábitos, comportamientos y patrones de consumo. Además la visita a almacenes tradicionales de barrio y supermercados tuvo un espacio importante en la investigación con el fin de llevar a cabo un relevamiento de productos en góndola que permitiese identificar segmentos de mercado específicos. Dichas observaciones estuvieron acompañadas –siempre que las circunstancias lo propiciaron– por conversaciones coincidentales con dueños, encargados o representantes de locales de venta de productos específicos o prestación de servicios propios de la cultura light. En ciertas visitas pudo grabarse cómo los encargados y recepcionistas promocionan los servicios que ofrecen estos centros, y en ocasiones pudo preguntárseles acerca de:

1. Tipo de servicio y características de la prestación
2. Procedimiento del servicio terapéutico/medicinal
3. Resultados obtenidos en los usuarios/pacientes

Además se visitaron locales dietéticos y herboristerías; allí se intentó capturar el testimonio de los responsables, sean dueños o encargados. Cada conversación que se iniciaba, pronto era interrumpida por clientes que entraban en el local, sin embargo, se consideró oportuno proseguir y hasta aprovechar el encuentro tal y como se presentaba, pues el observar a los clientes con su actitud de compra enriqueció el estudio. En este sentido, se limitó a observar, tomar notas y realizar pocas intervenciones que permitiesen en su conjunto captar el espíritu de estos lugares; en ocasiones pudo preguntárseles acerca de:

1. Dinámica y trayectoria en el rubro
2. Tipo de productos más comercializados
3. Perfil del comprador habitual

Asimismo fueron visitados varios gimnasios diseminados por la Ciudad de Buenos Aires con el objetivo de presenciar algunas de las clases que estos lugares ofrecen y observar la dinámica interna. La observación respondió a una segmentación previa basada en dos grupos: los gimnasios de barrio y los mega-emprendimientos –muchos de los cuales tienen canchas de *paddle* o natatorios internos, por ejemplo–. Además se visitaron centros exclusivos de yoga y pilates.

Desde un primer momento se supo que la información recabada en estos espacios urbanos estaría condicionada por el sitio que se visitara y las situaciones que espontáneamente allí se generasen, considerando que las visitas no fueron pautadas con antelación y que la presencia de un observador probablemente dificultaría la obtención de datos. Por otro lado, el tipo de información y la manera en que fue obtenida impide que sean denominadas *entrevistas* en sentido estricto, pues se trata más bien de un tipo de *recopilación urbana de datos*. Pese a estas debilidades metodológicas, cuando se diseñó la estrategia metodológica se tuvo presente que la combinación de la observación ordinaria con el registro del testimonio de quienes ofrecen bienes y servicios posibilitaría un abordaje complementario a las principales técnicas de recolección de datos de esta investigación –las entrevistas y los grupos focales– y que ello contribuiría a garantizar la validez de los resultados.

Recopilación de material gráfico y audiovisual

Al mismo tiempo se recabó información secundaria. En este sentido, se conformó un registro minucioso de publicidades gráficas que comunican el consumo de bienes y servicios light. Y para explorar en las estrategias de apropiación de los sujetos y cómo inciden los mensajes comerciales en la conformación de representaciones sociales vinculadas a la cultura light, se incluyeron en los grupos focales ciertas gráficas, con la intención de que actuasen como disparador de debate. También se registraron avisos televisivos para poder desglosar el anuncio e interpretar el mensaje que se imparte poniendo la mirada en quiénes comunican y en qué situaciones. Además, se tuvo en consideración publicaciones en revistas especializadas y material del tipo autoayuda relevante a los fines.

En la misma línea de recopilación de datos secundarios, un pilar importante en el trabajo de investigación fue el material proporcionado por los periódicos. Se tuvo en consideración los artículos publicados sobre políticas públicas relacionadas a los hábitos alimenticios y deportivos, disposiciones económicas gubernamentales en torno al mercado de consumo y notas vinculadas al mundo del fitness, entre otros artículos.